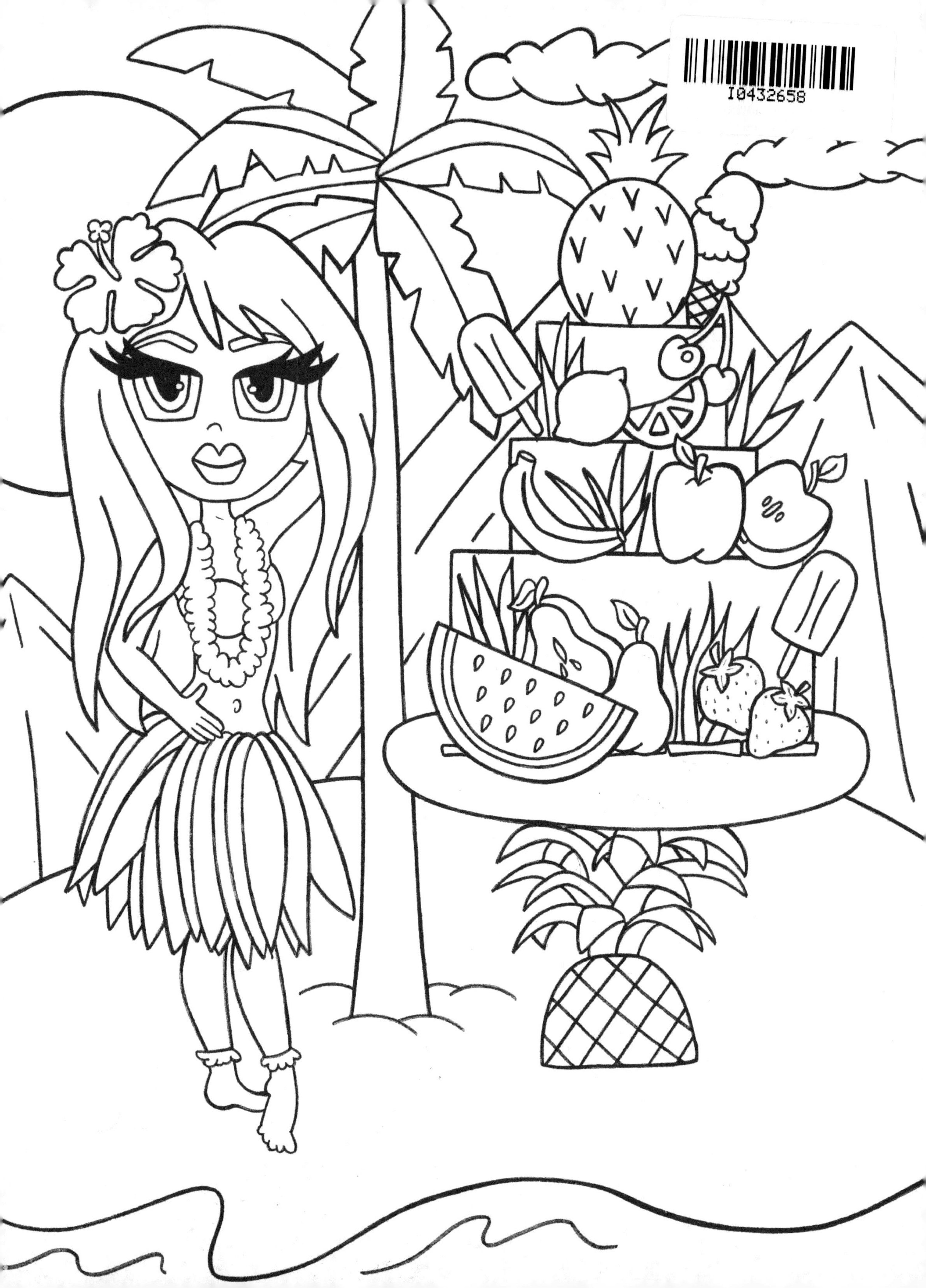

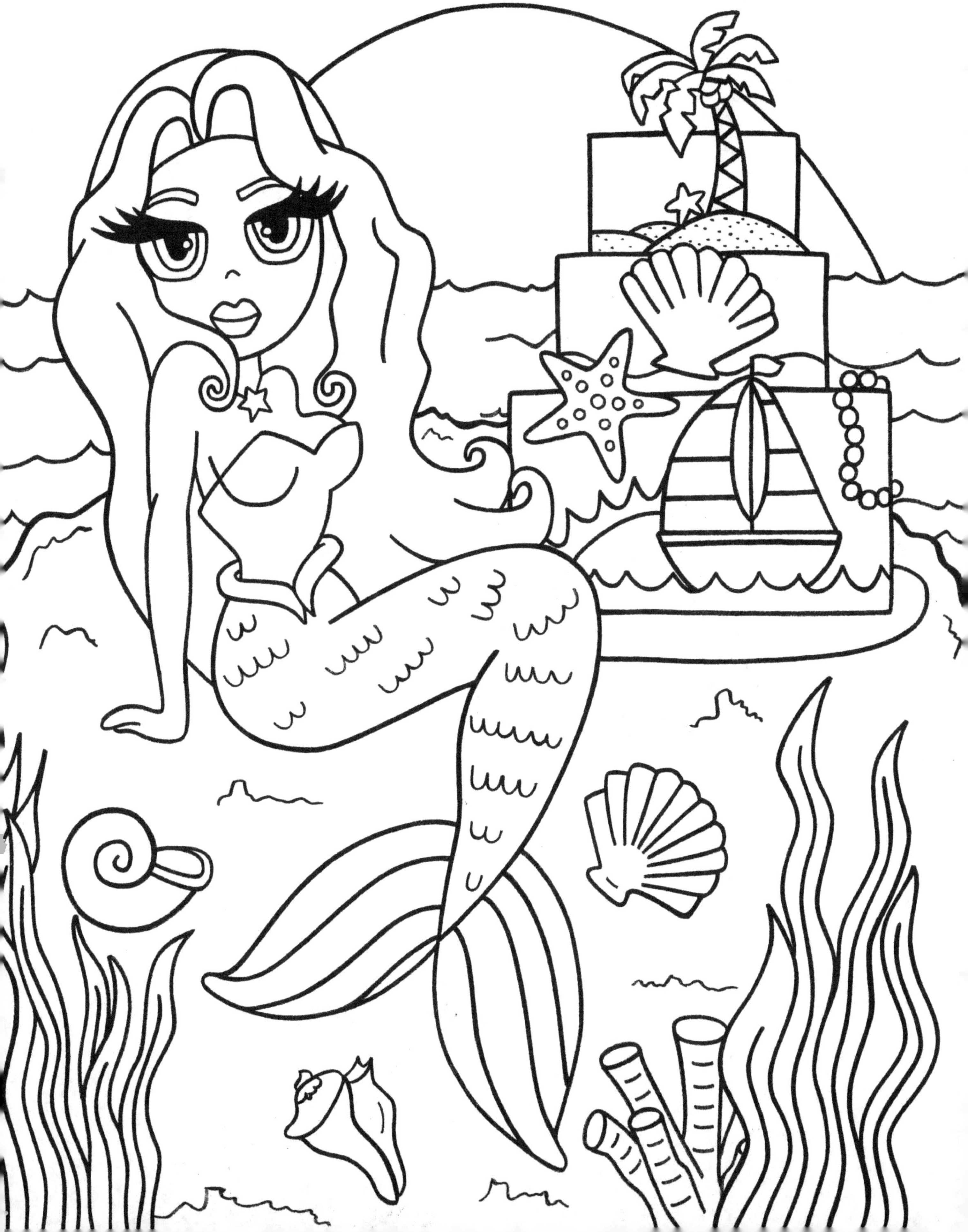

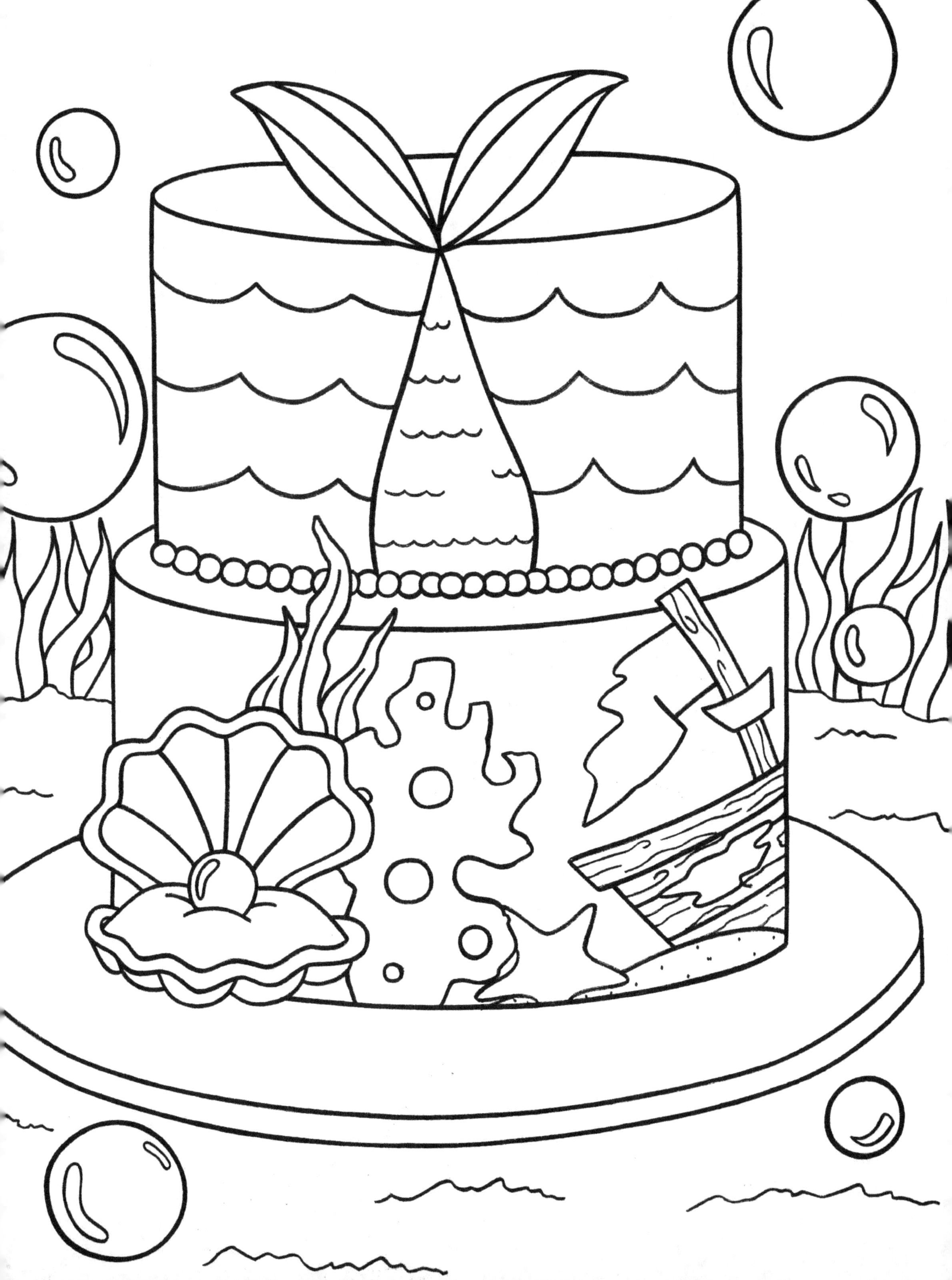

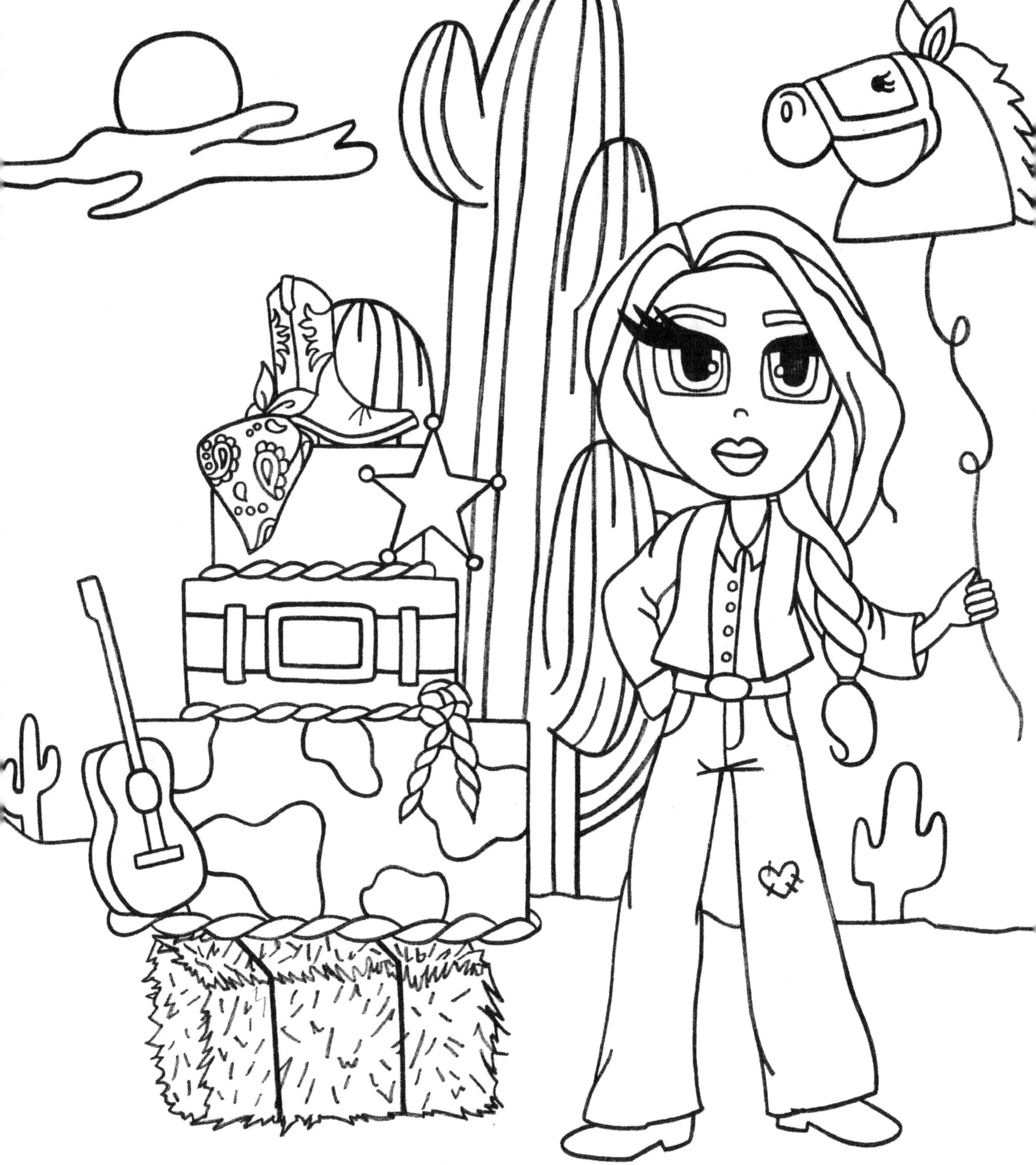

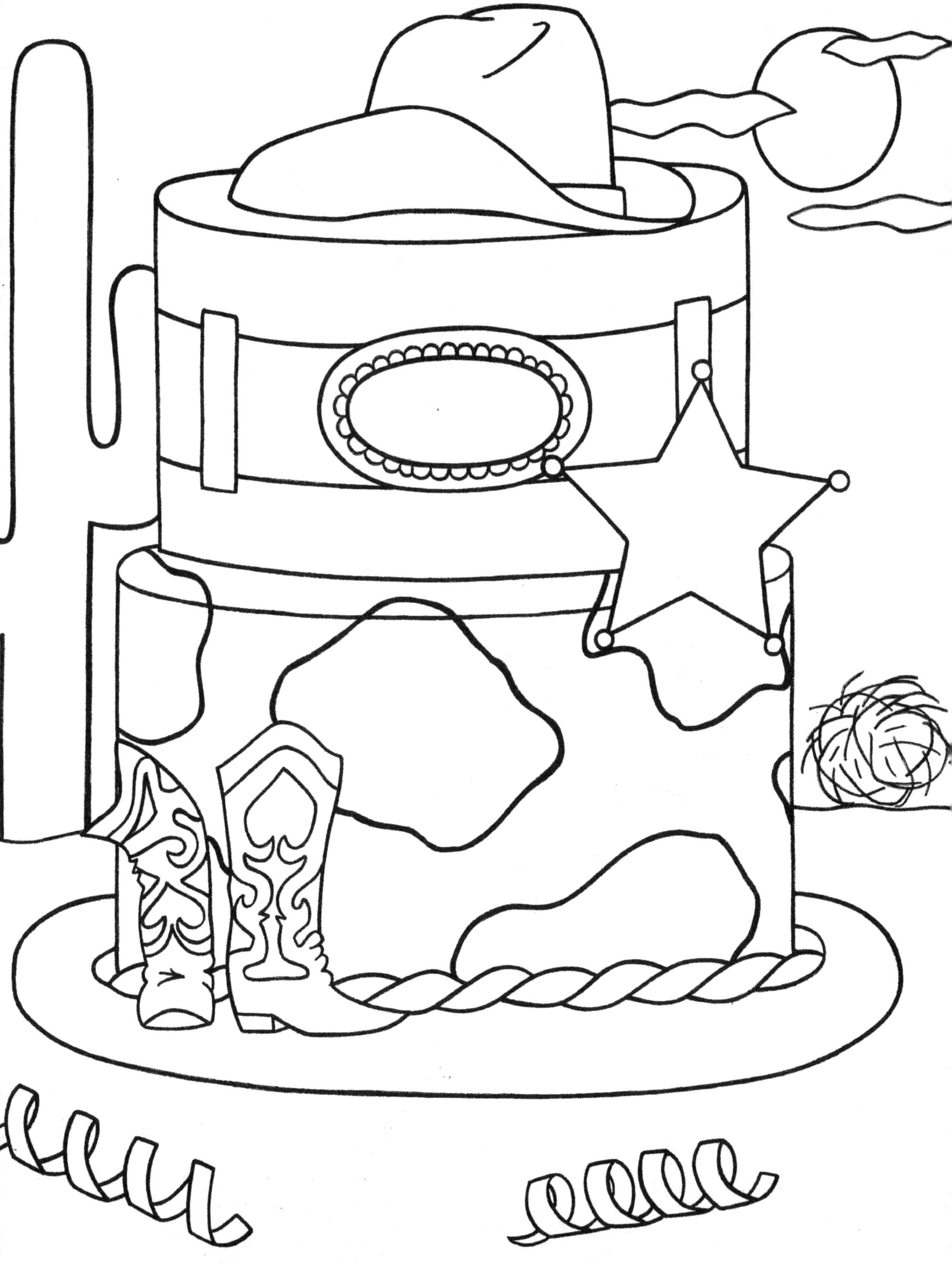

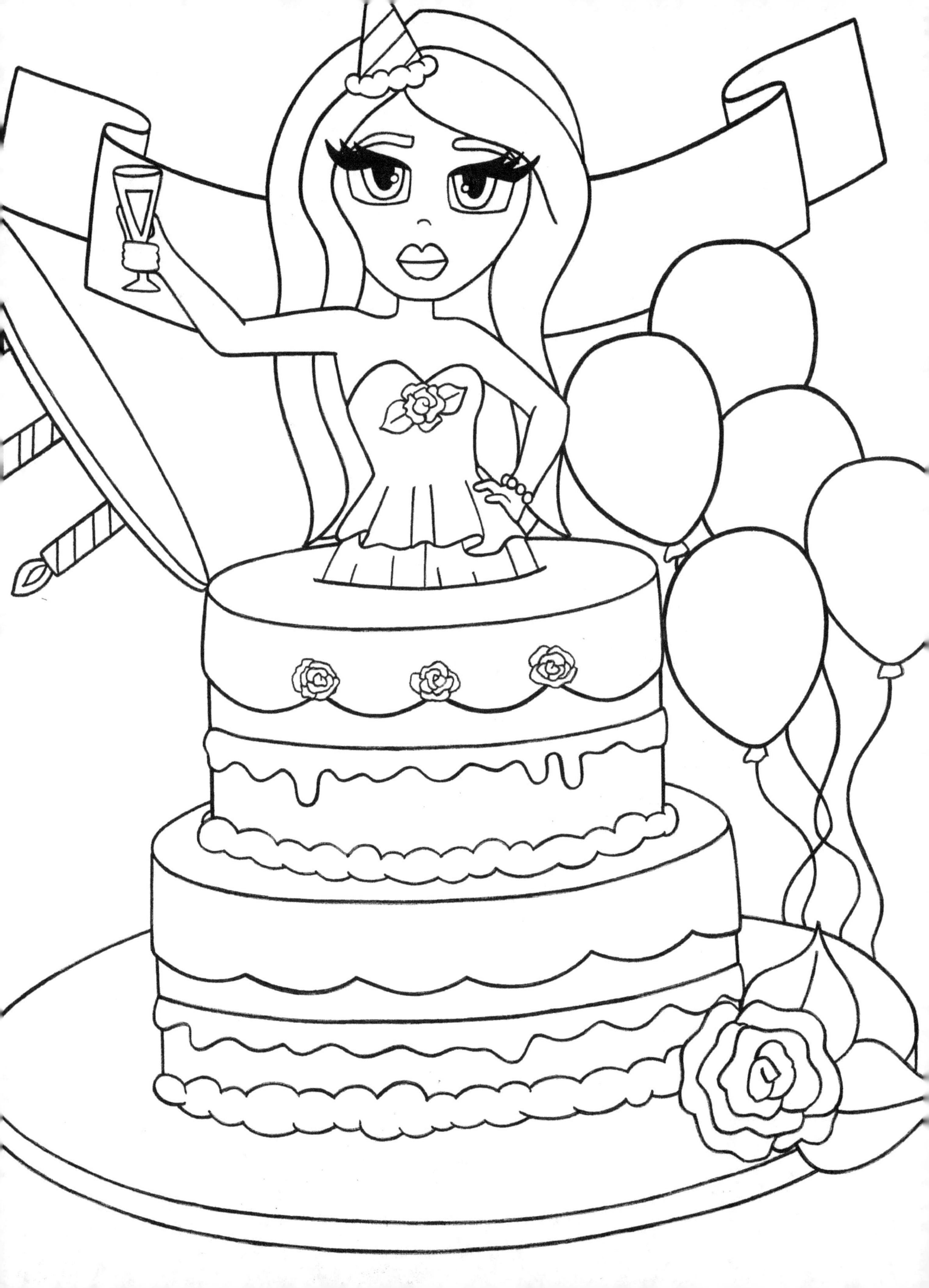

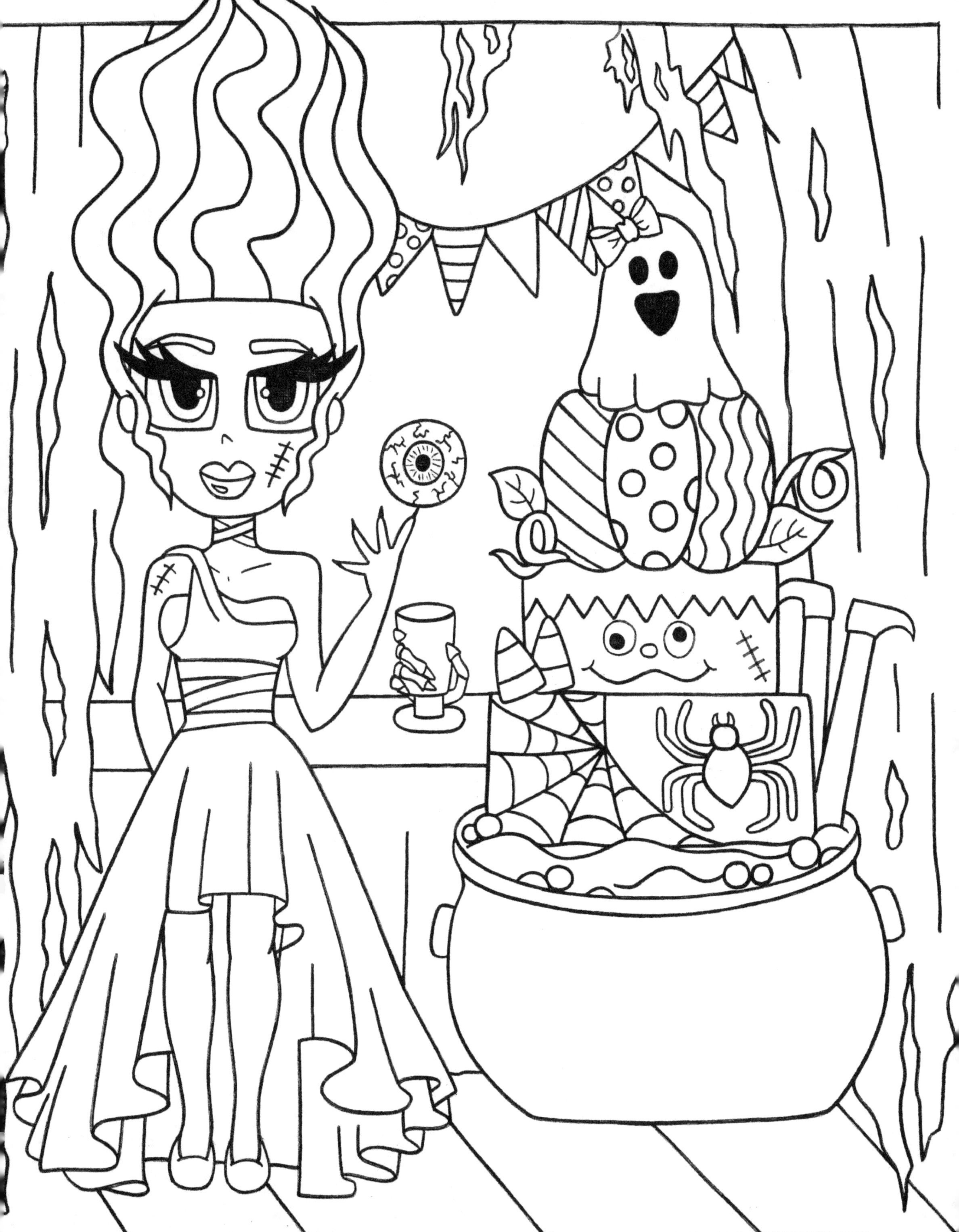

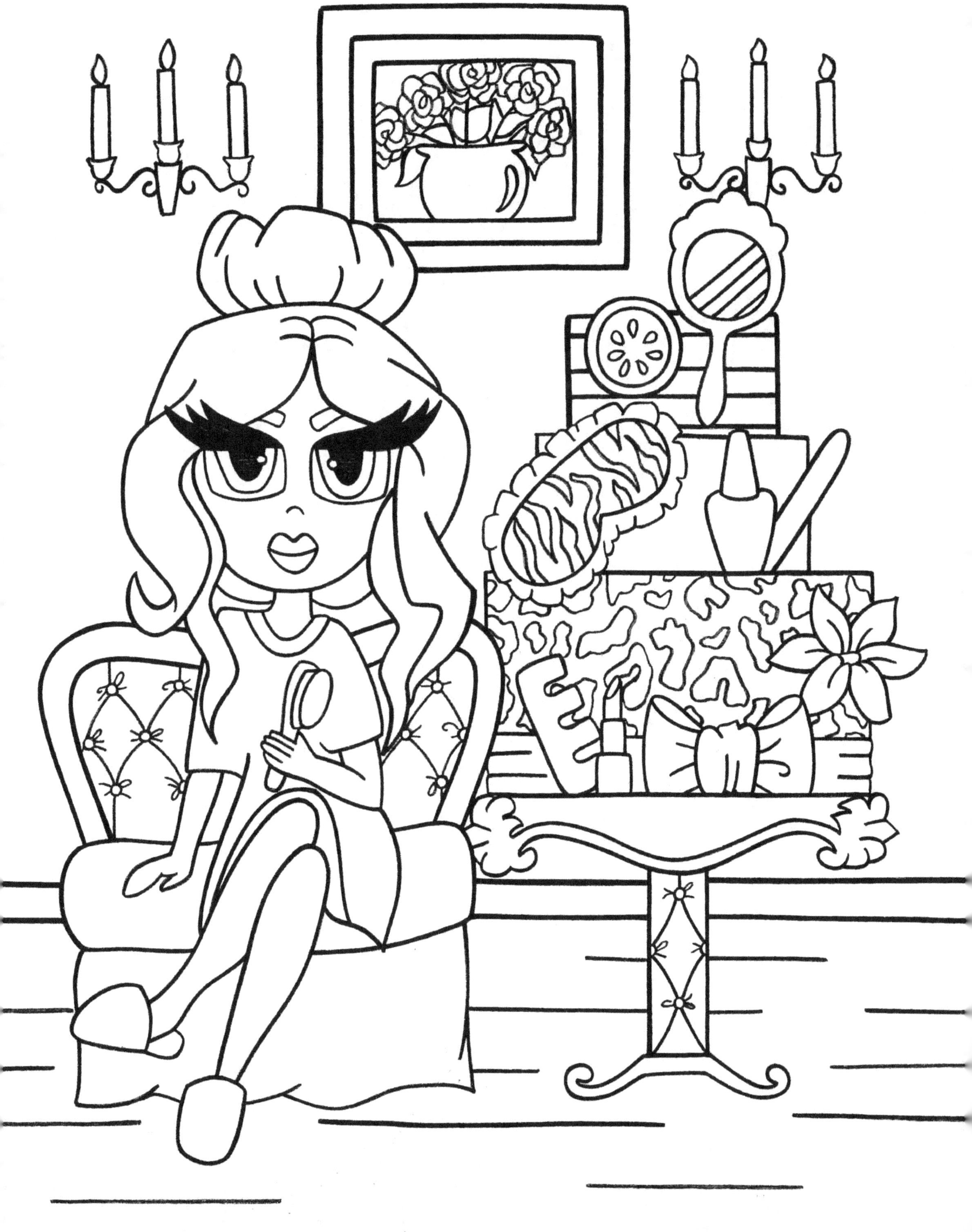

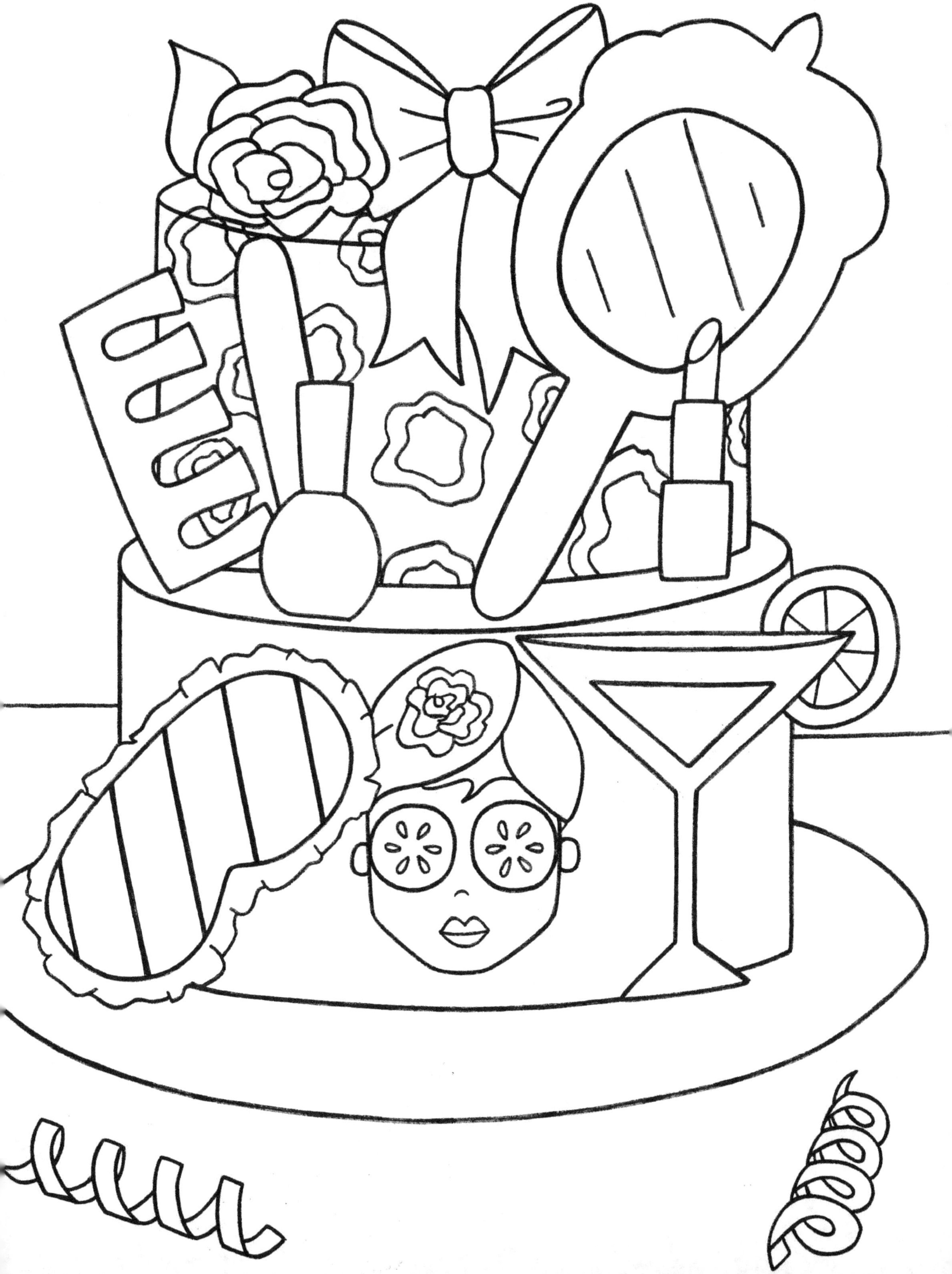

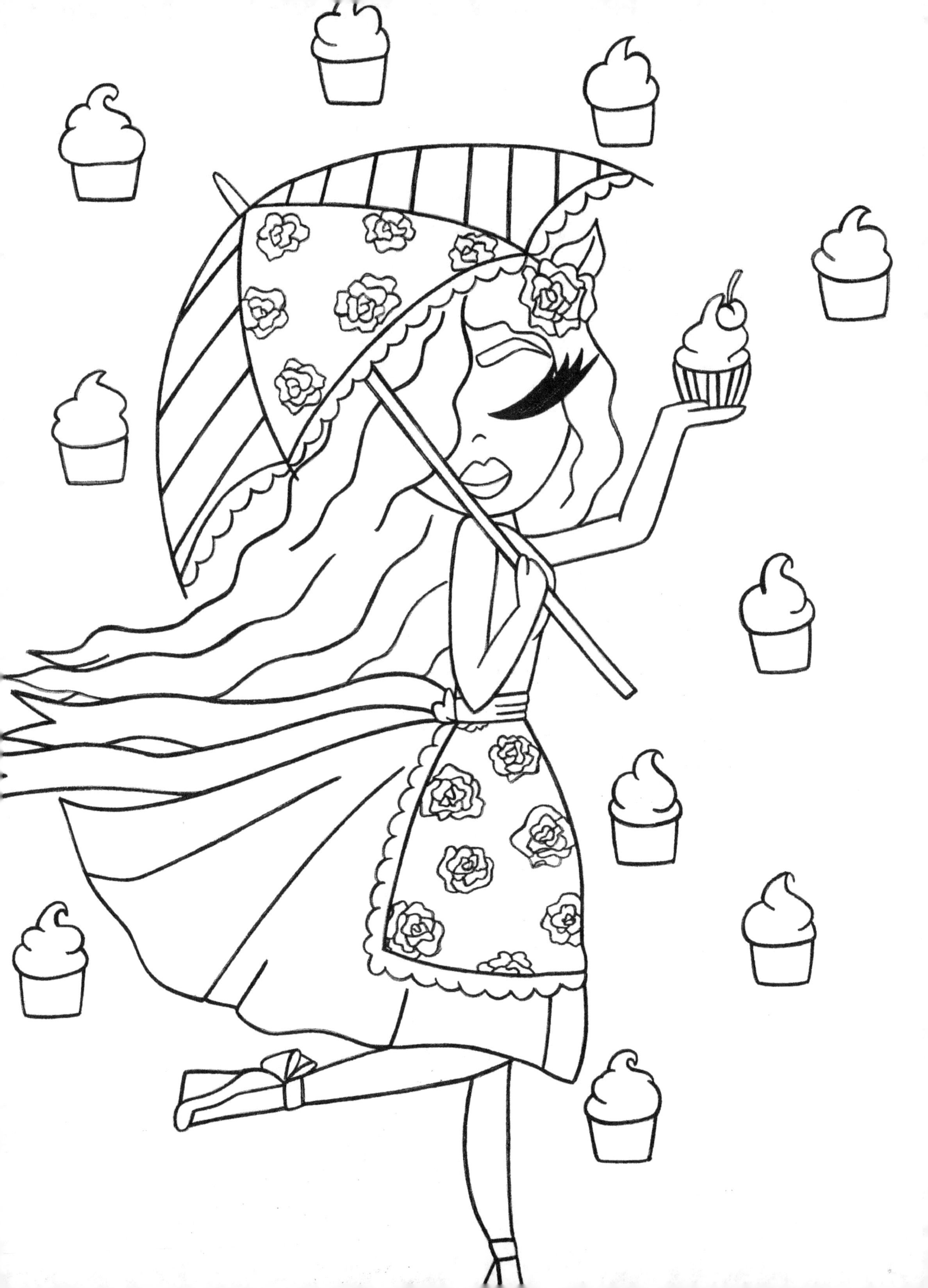

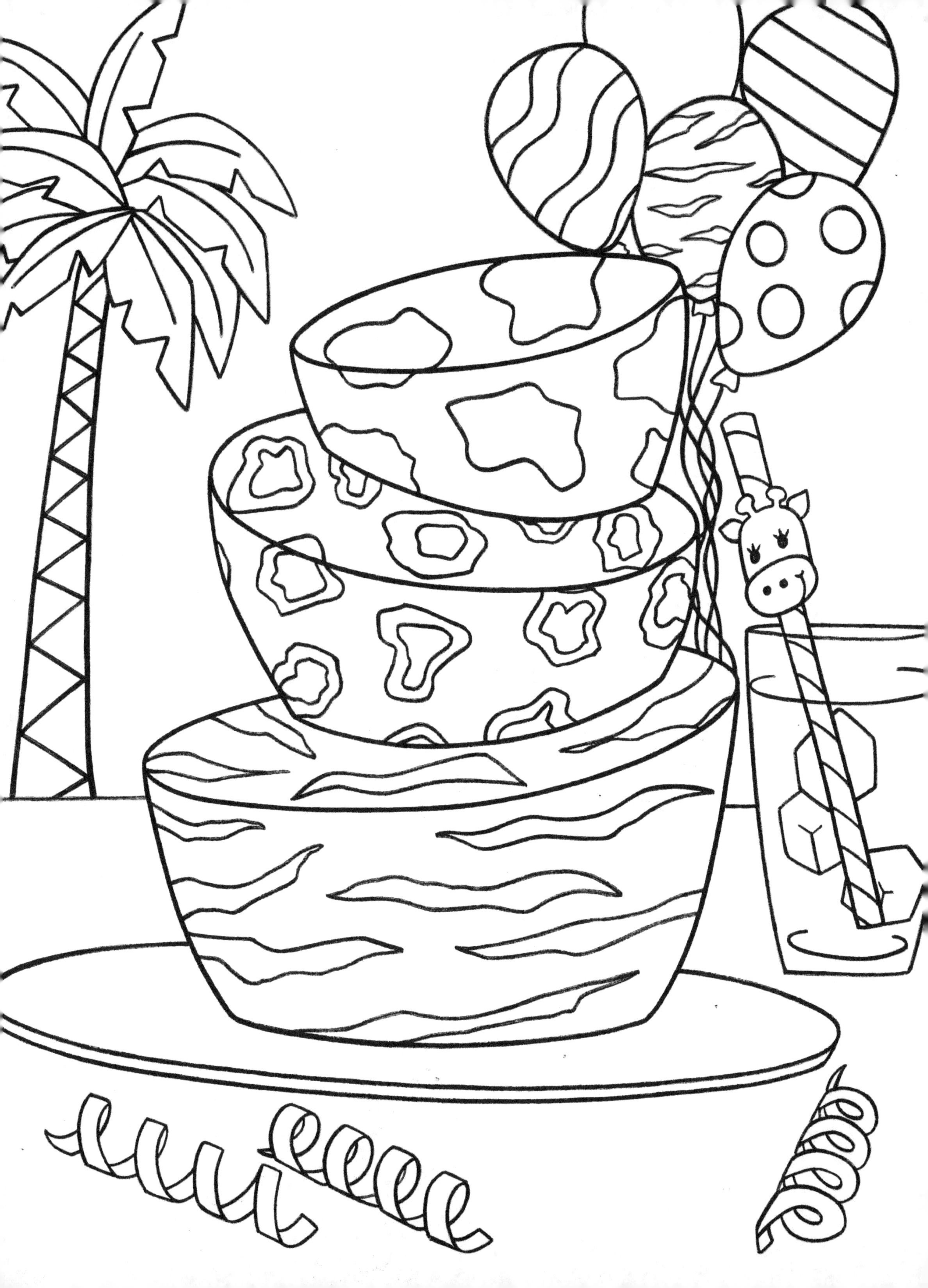

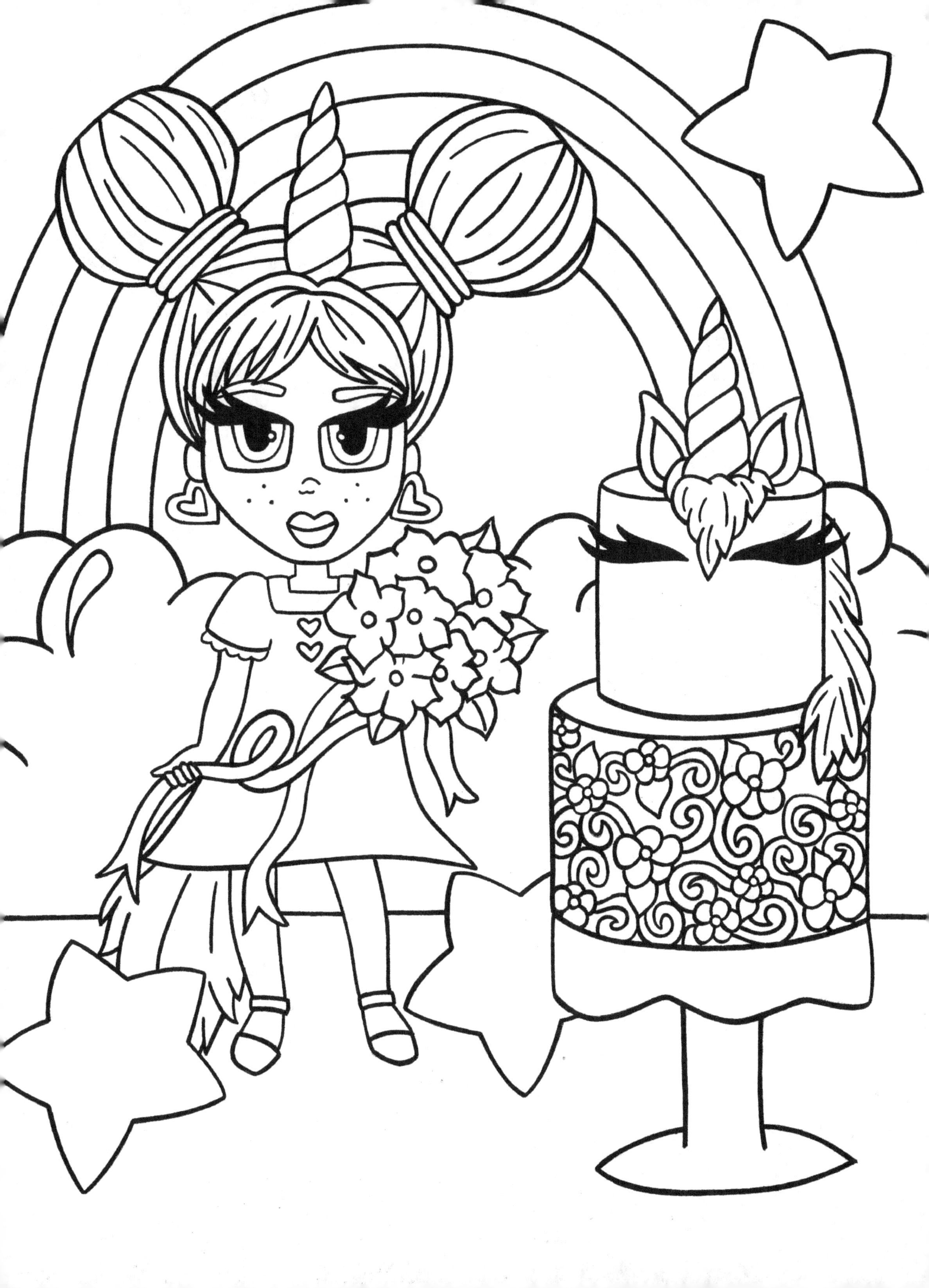

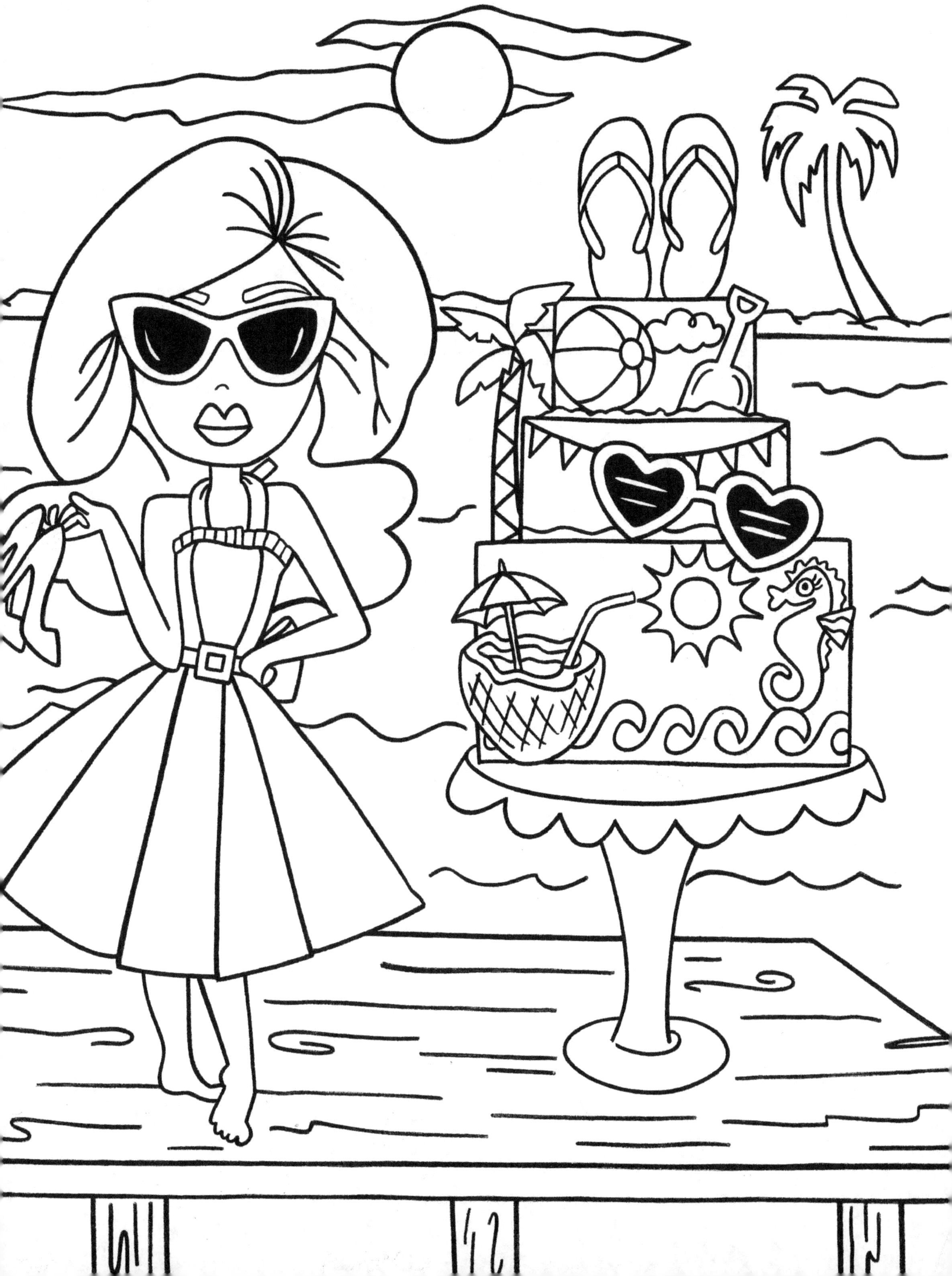

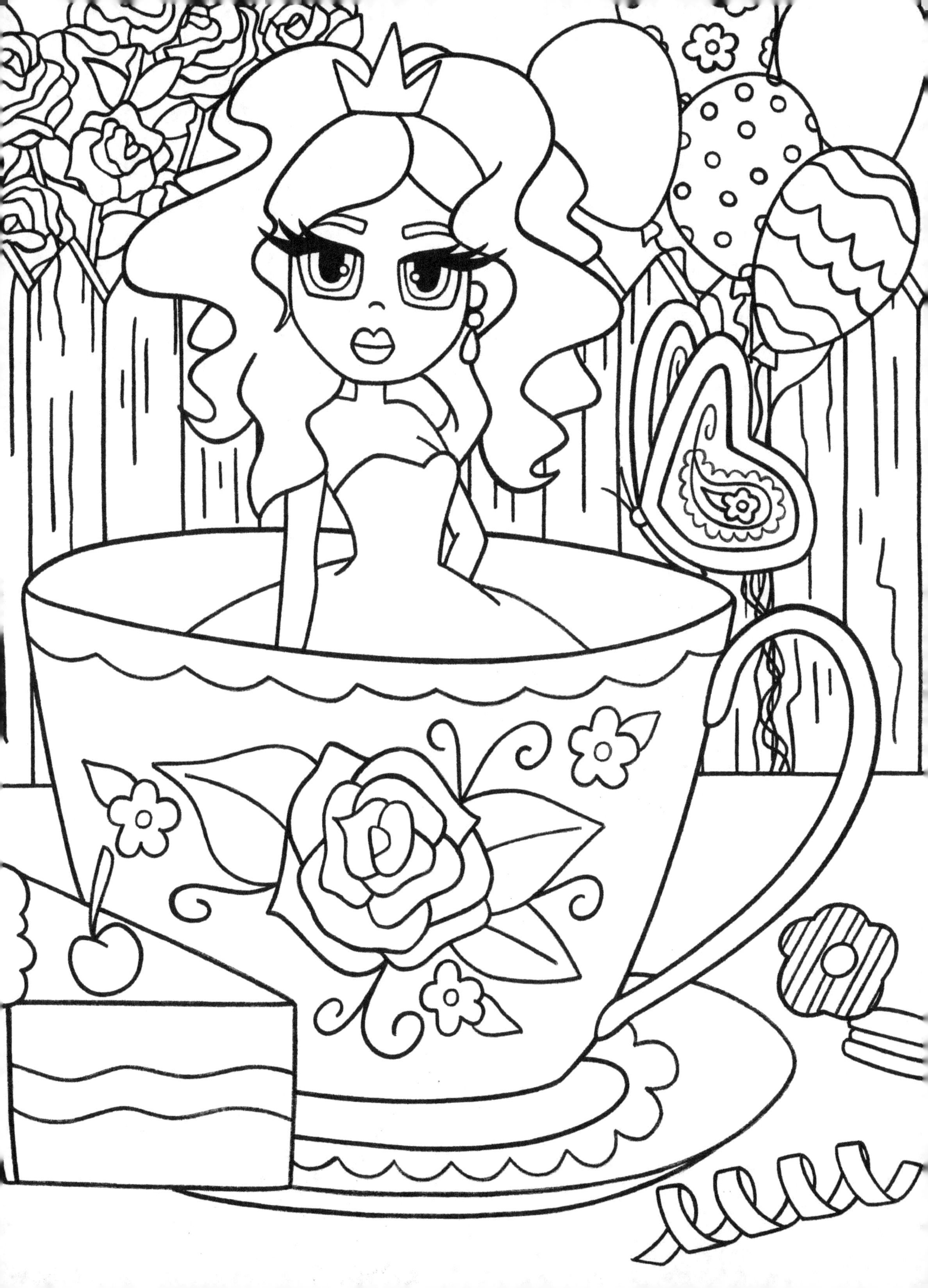

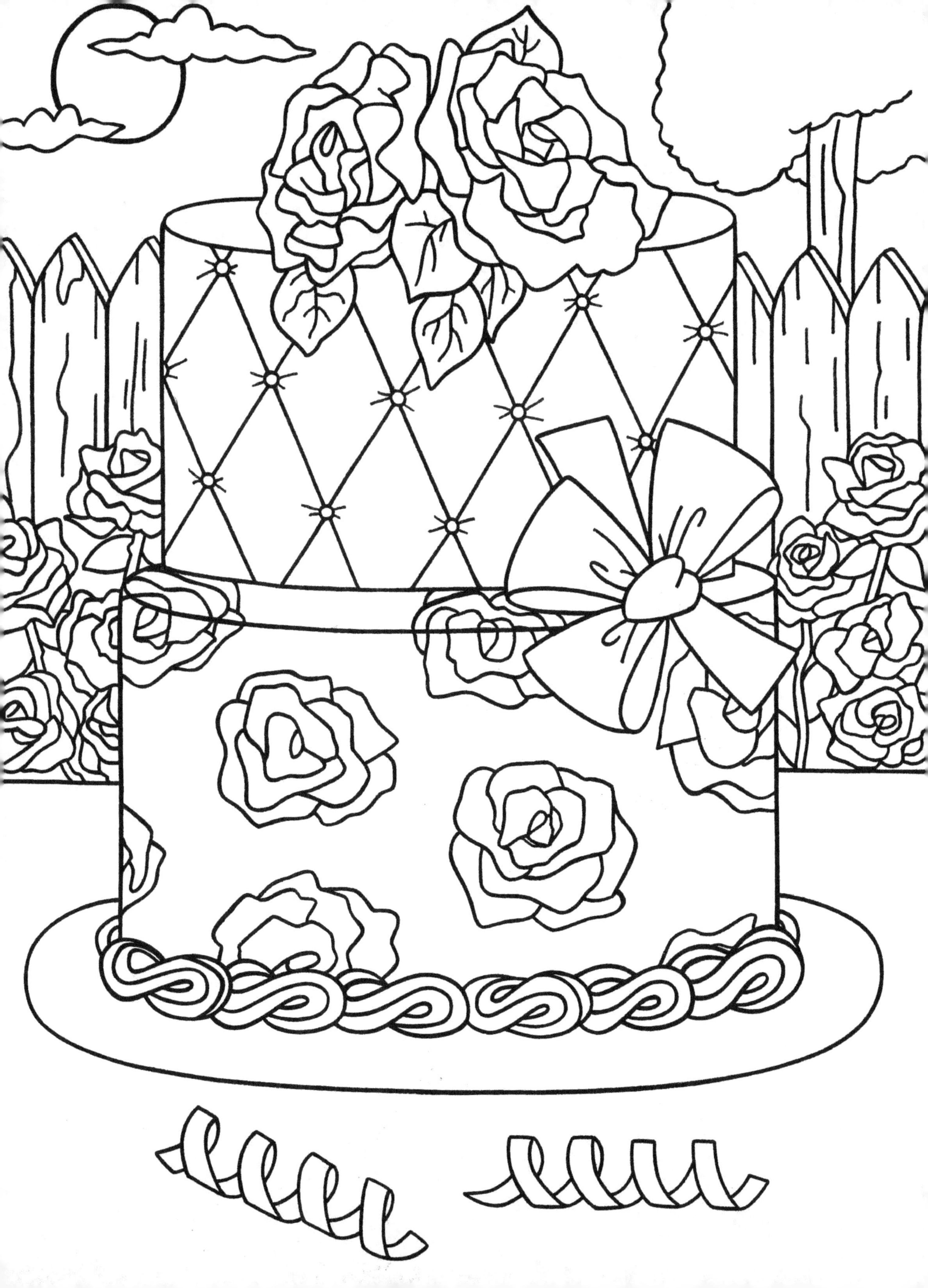

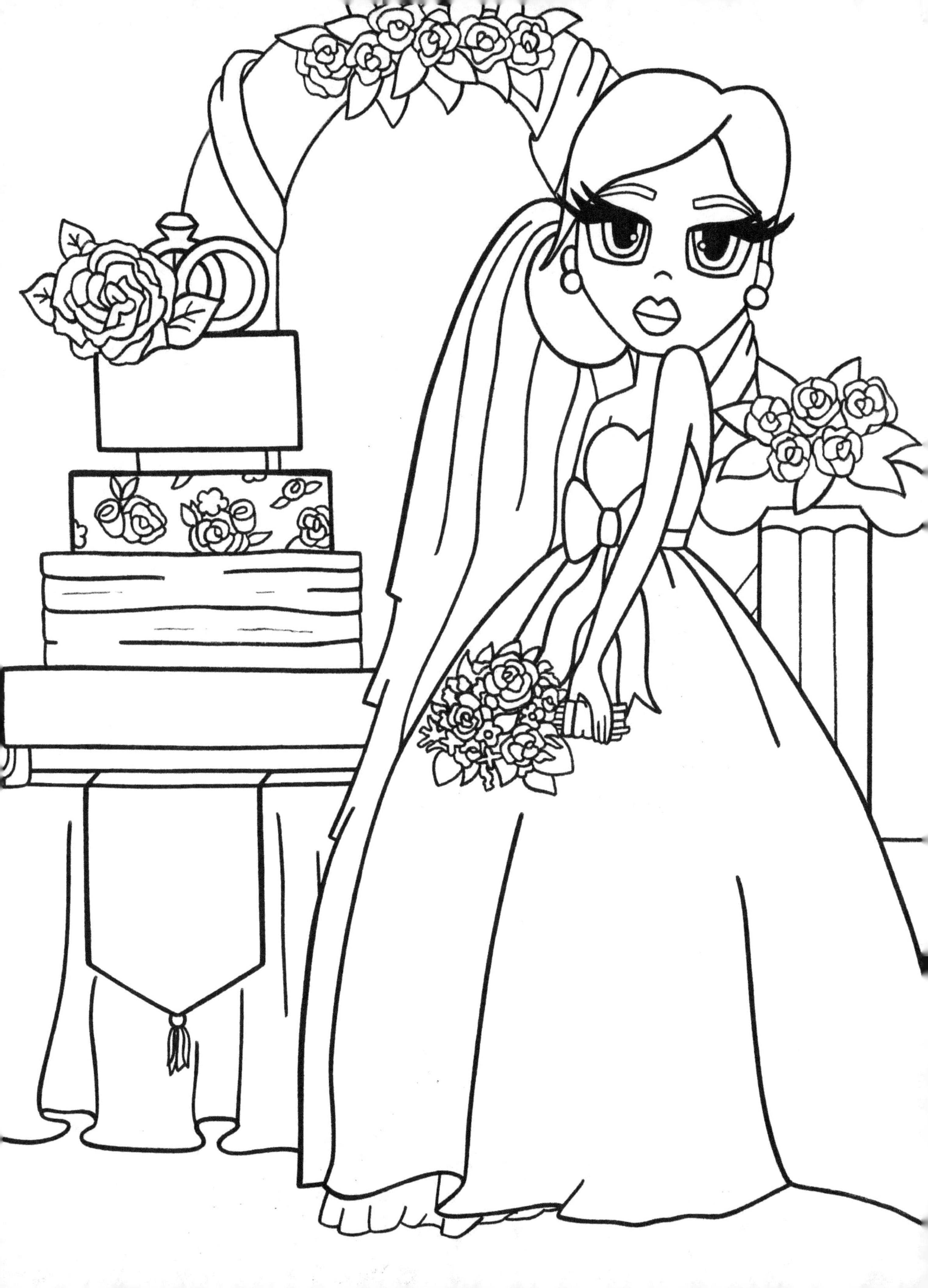

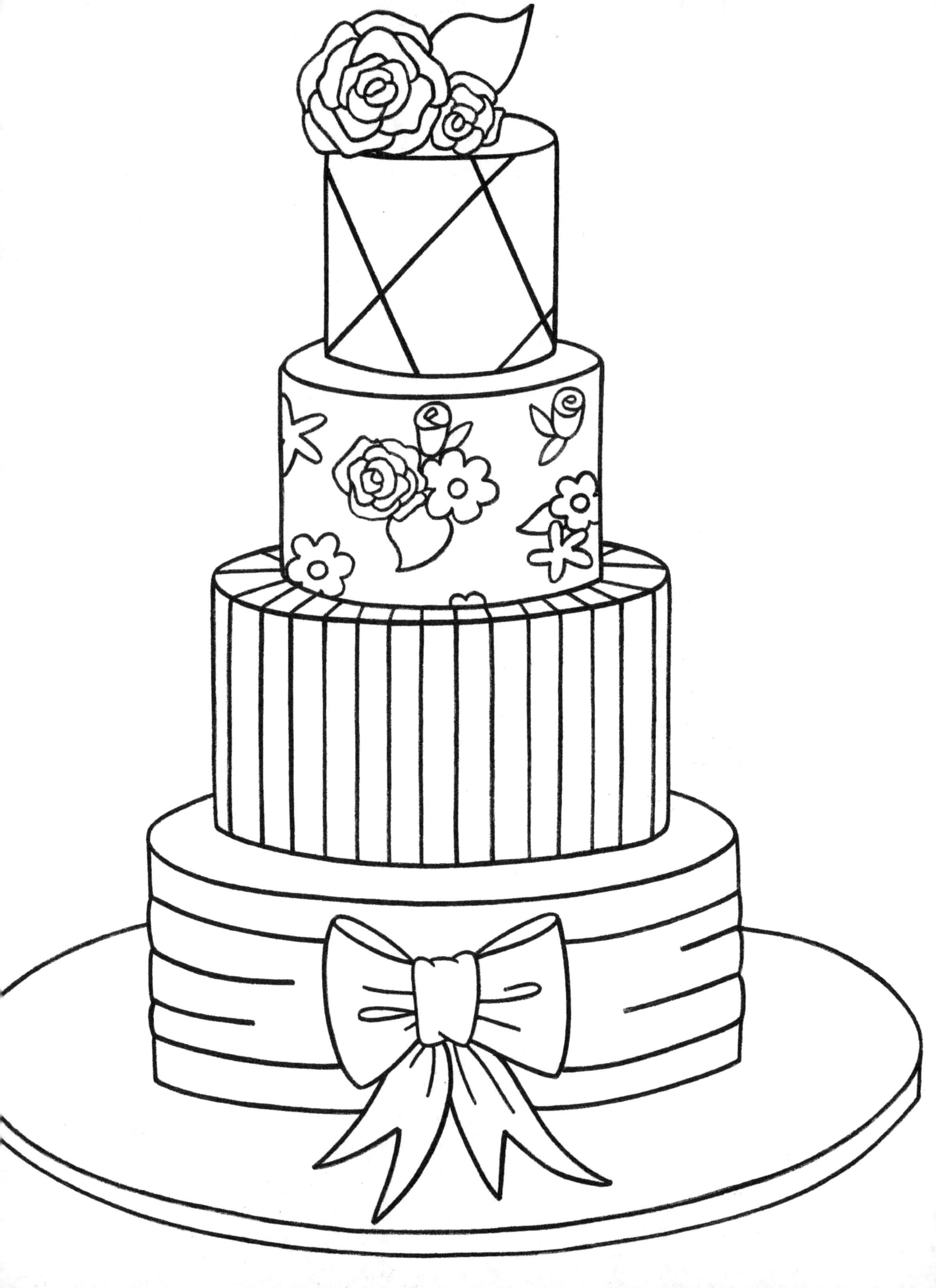

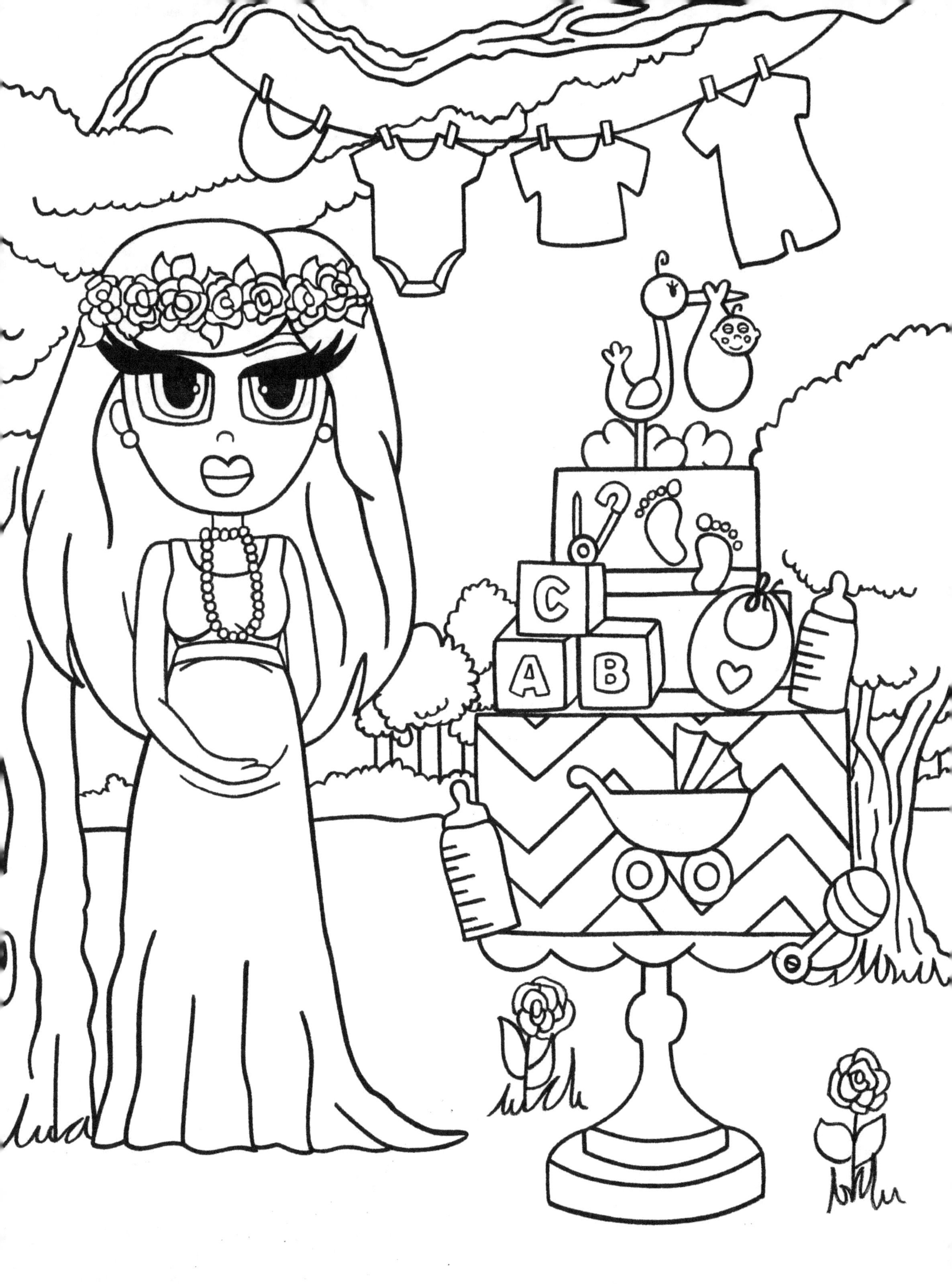
C
A
B

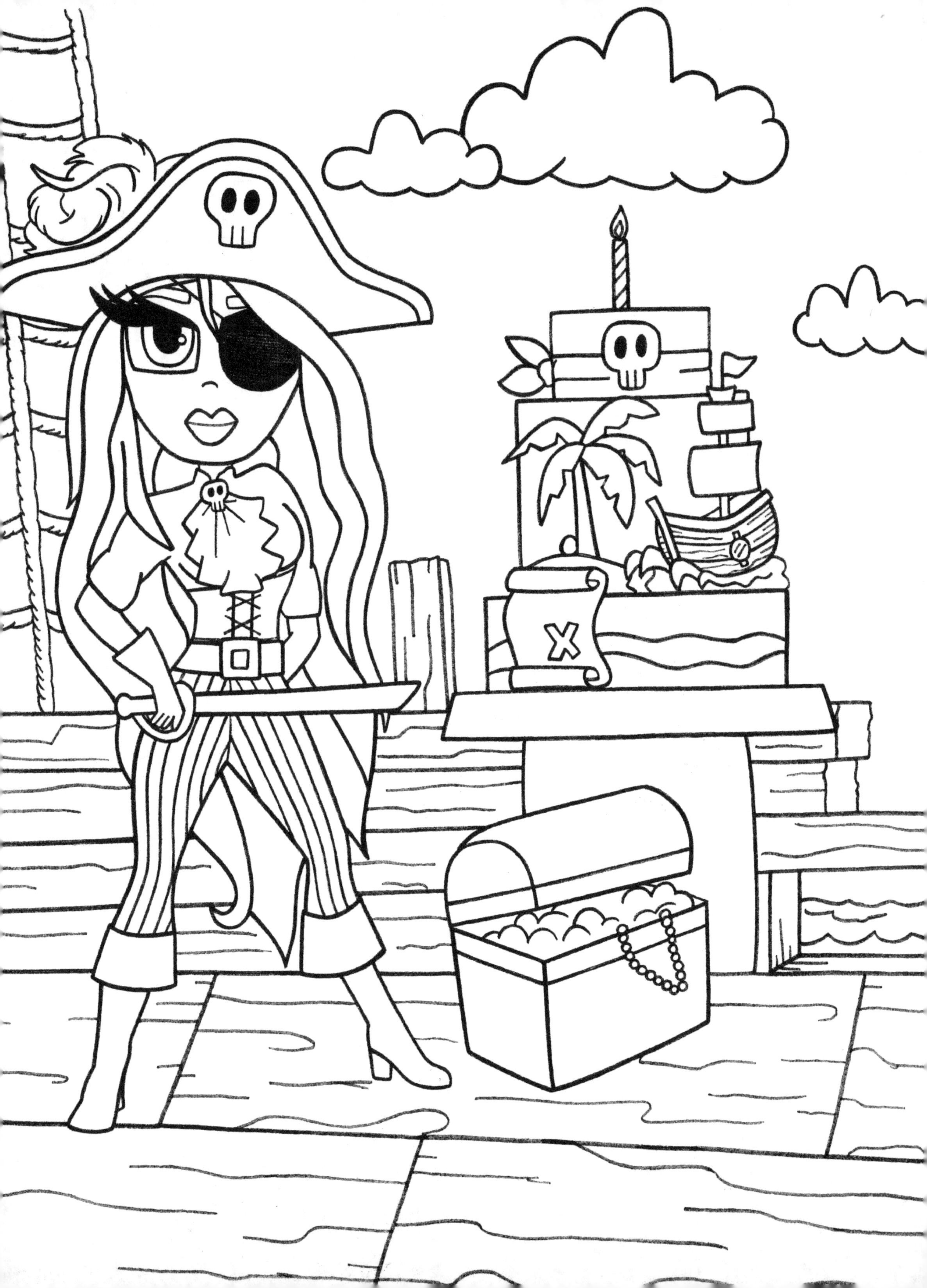
X

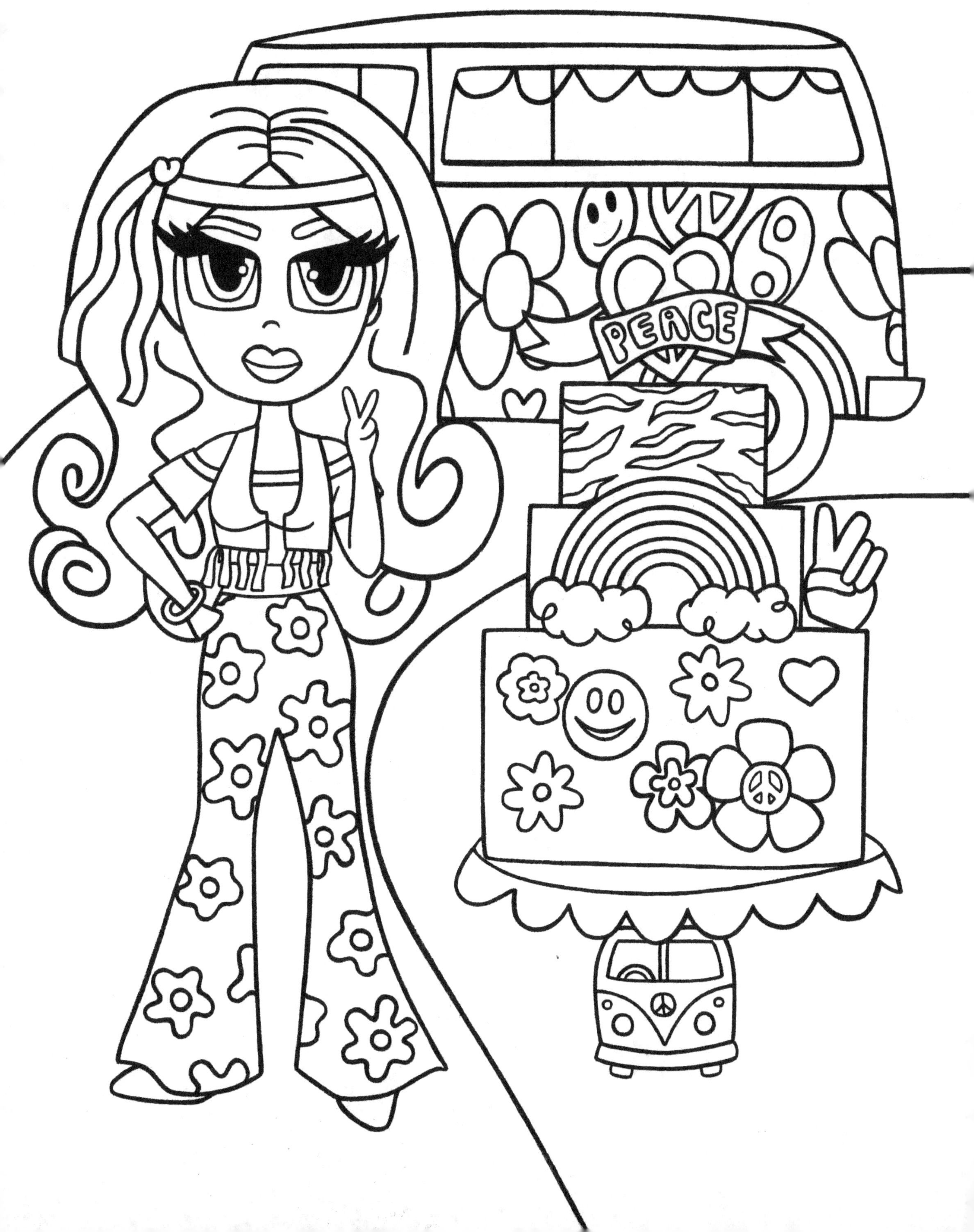
PEACE

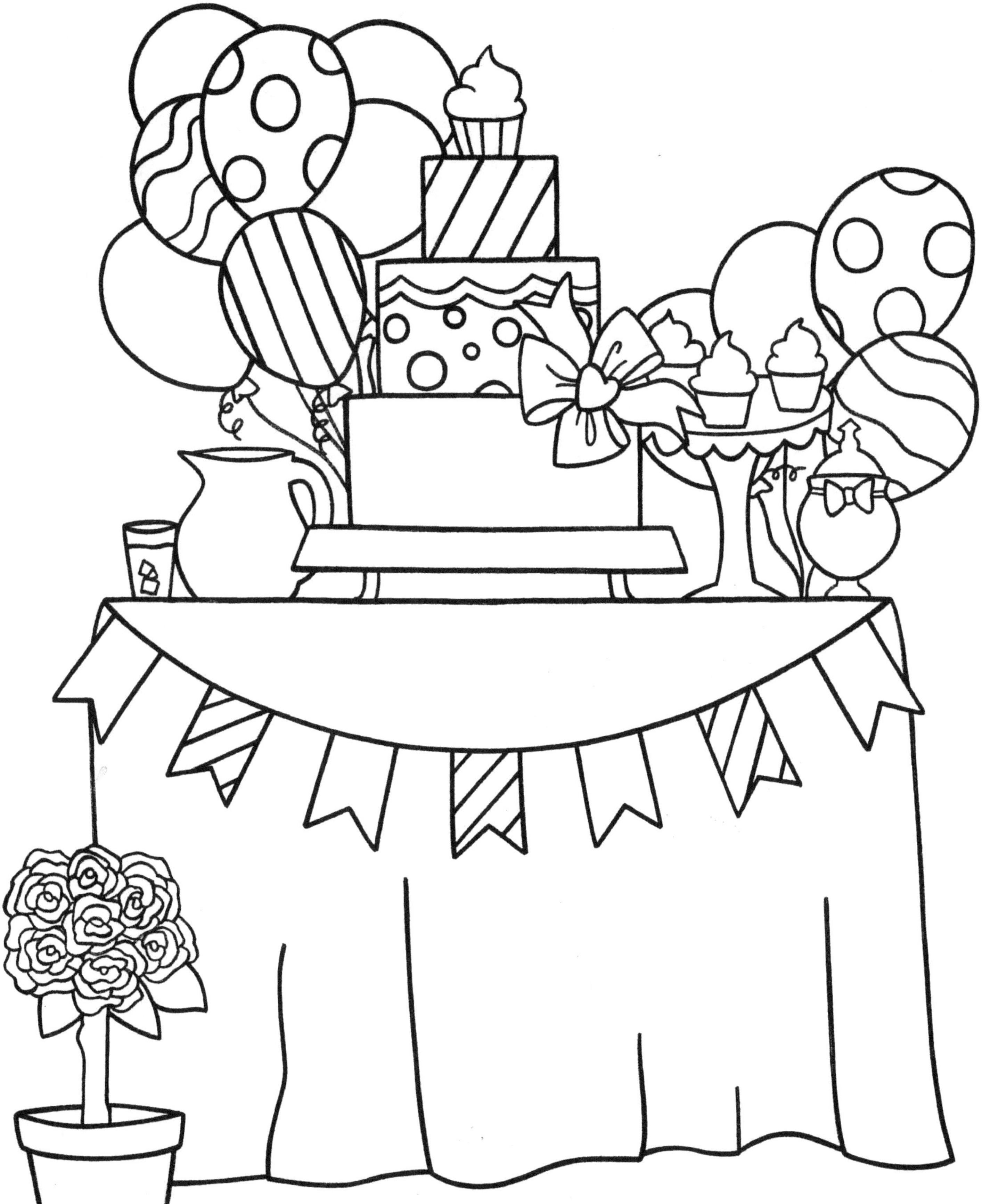

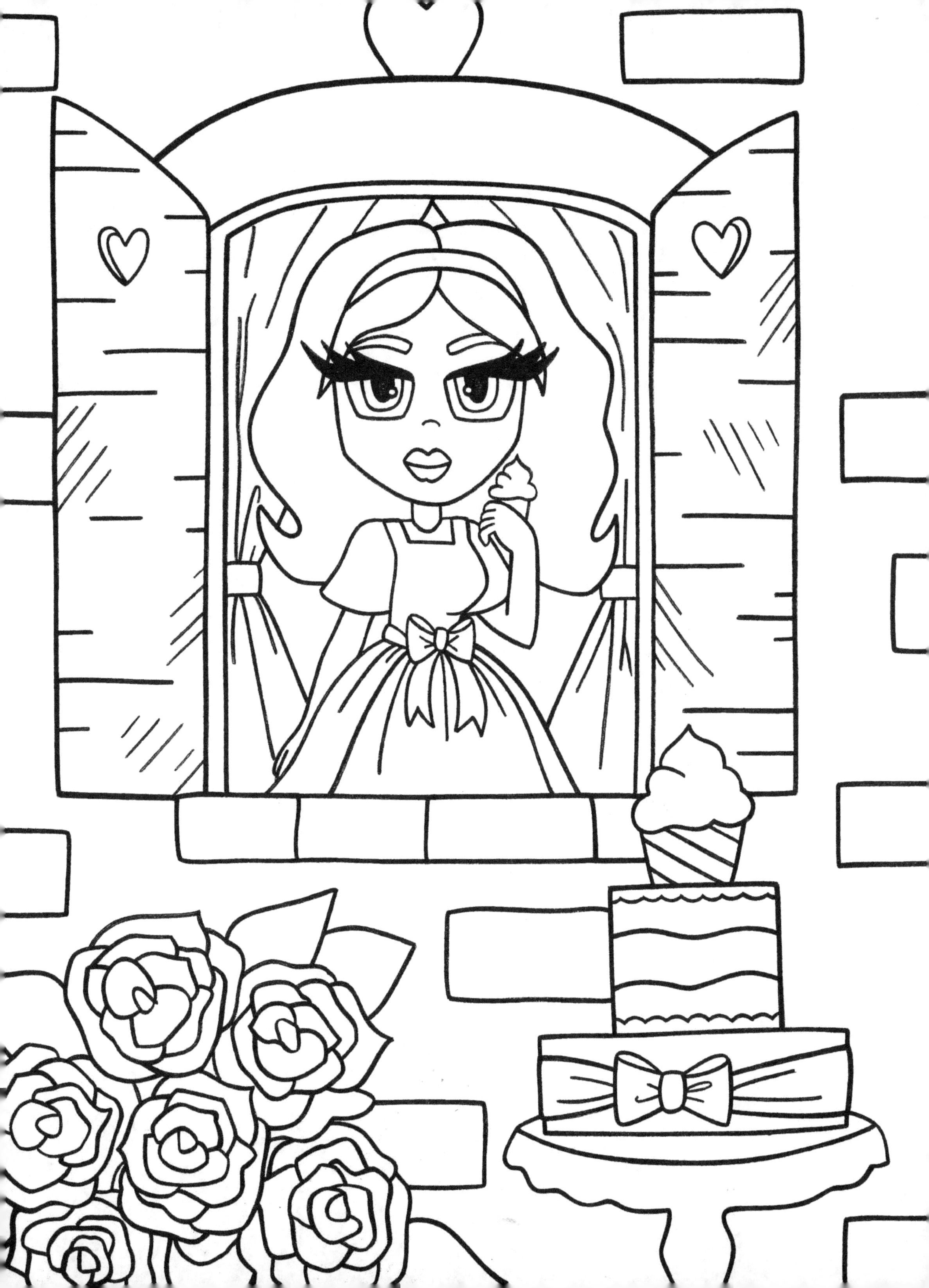

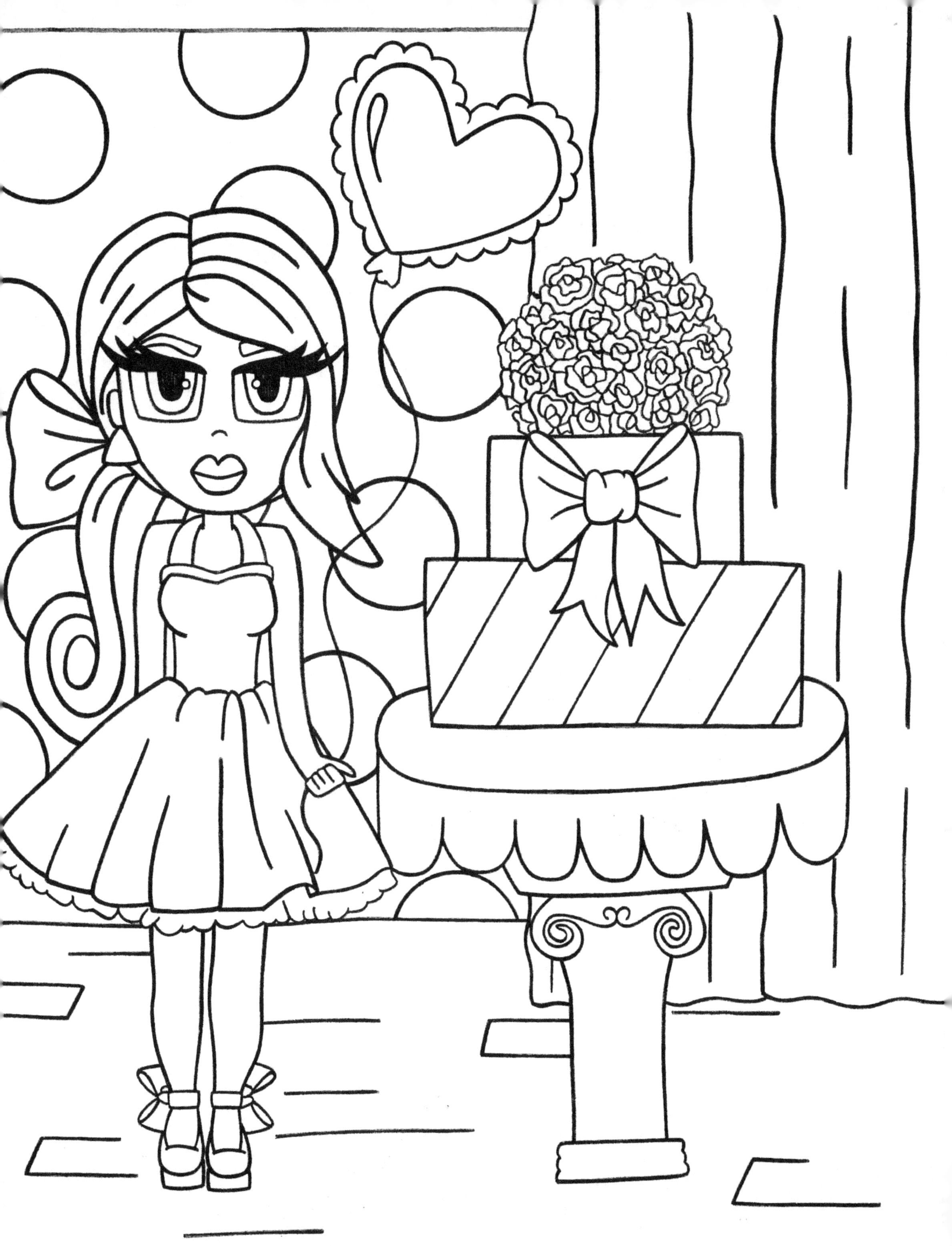

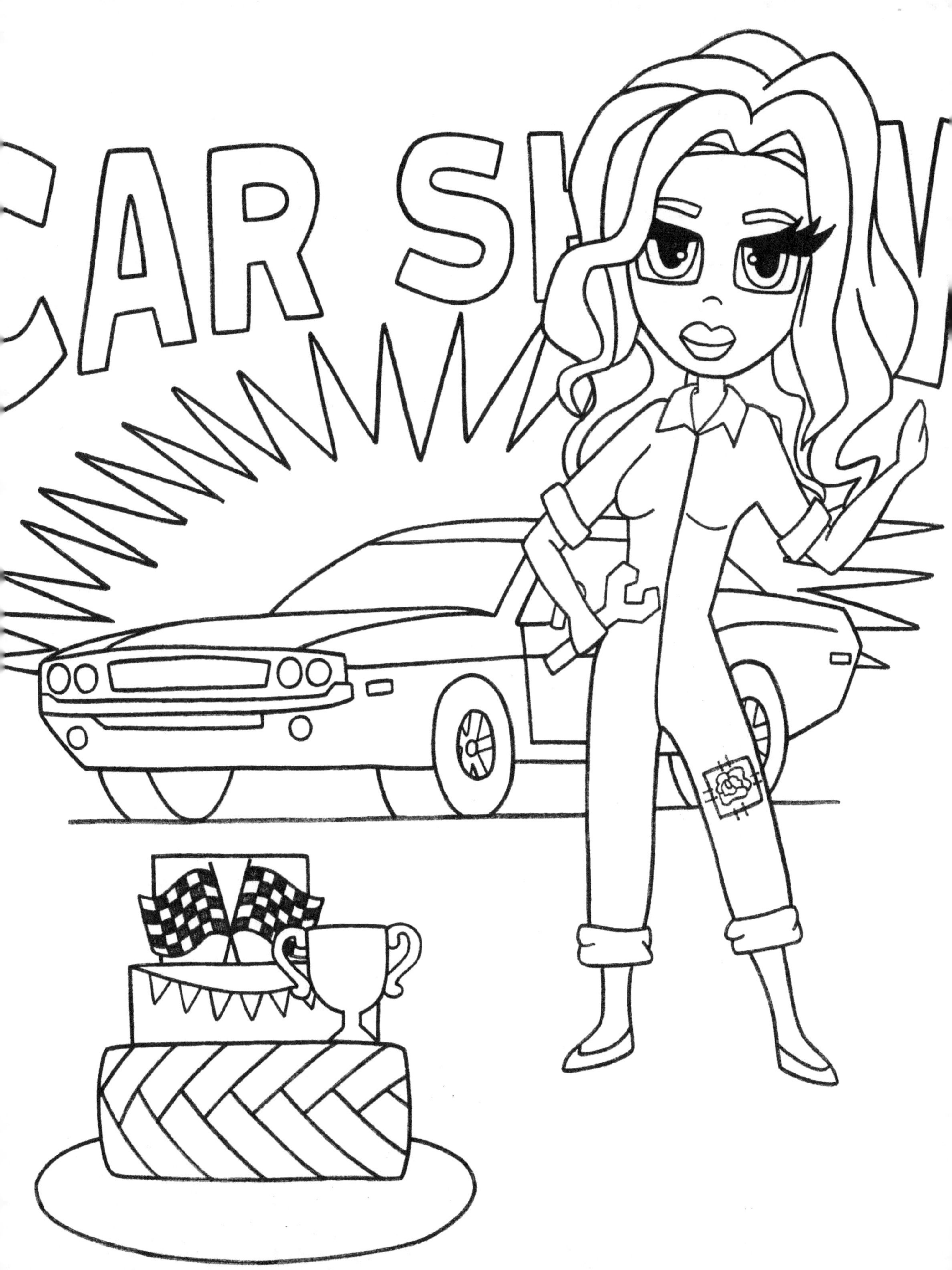
CAR S

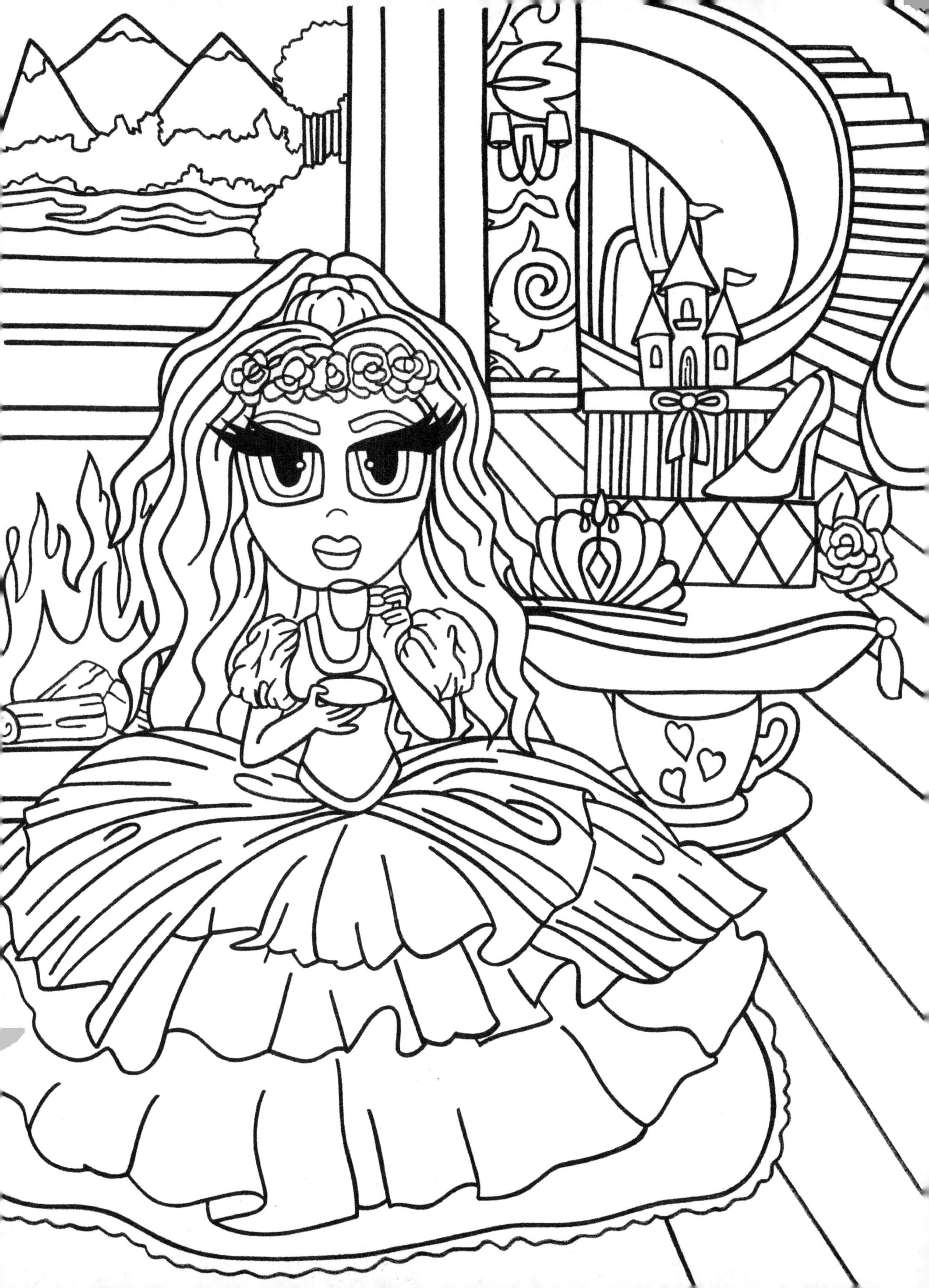

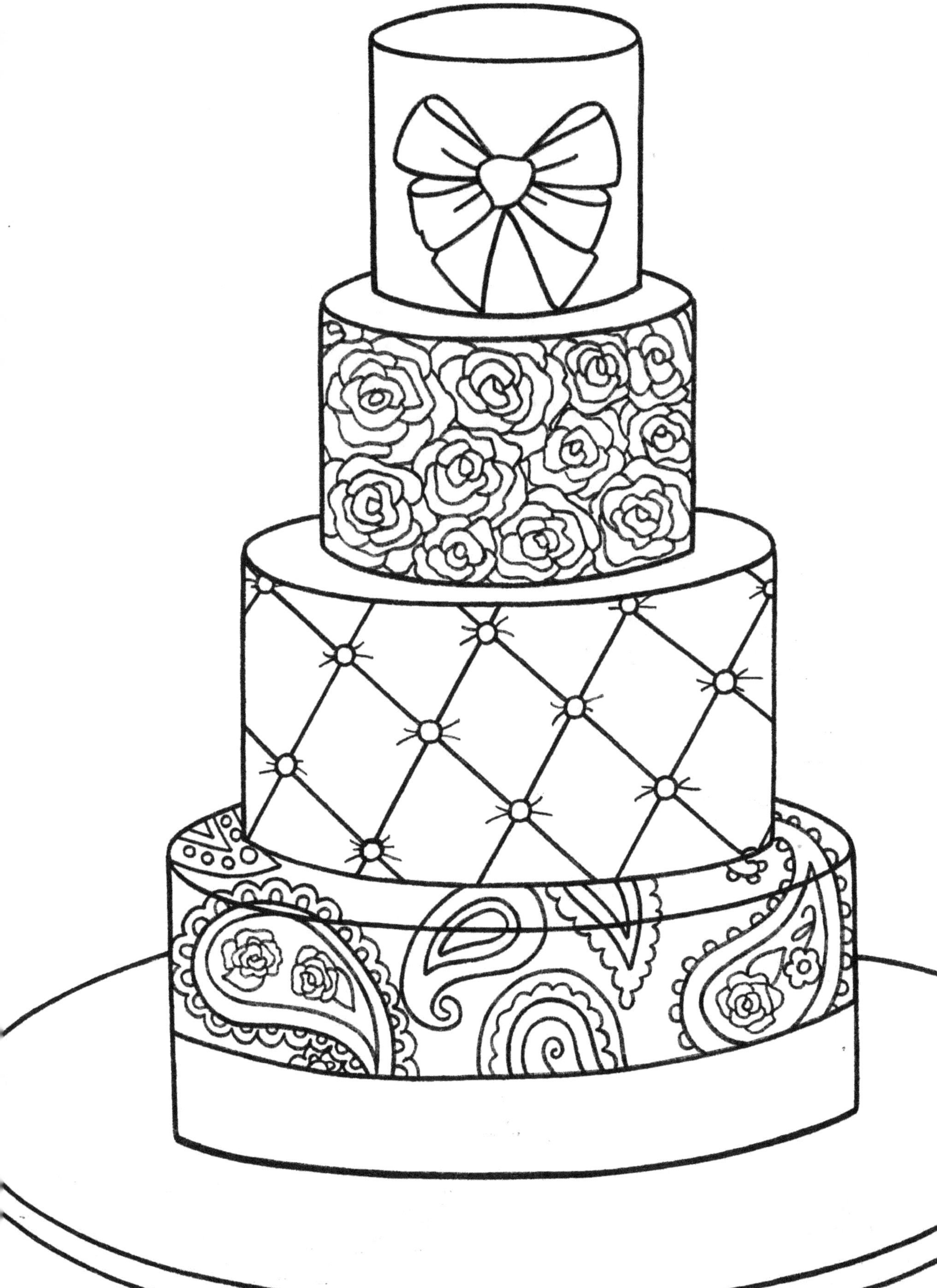

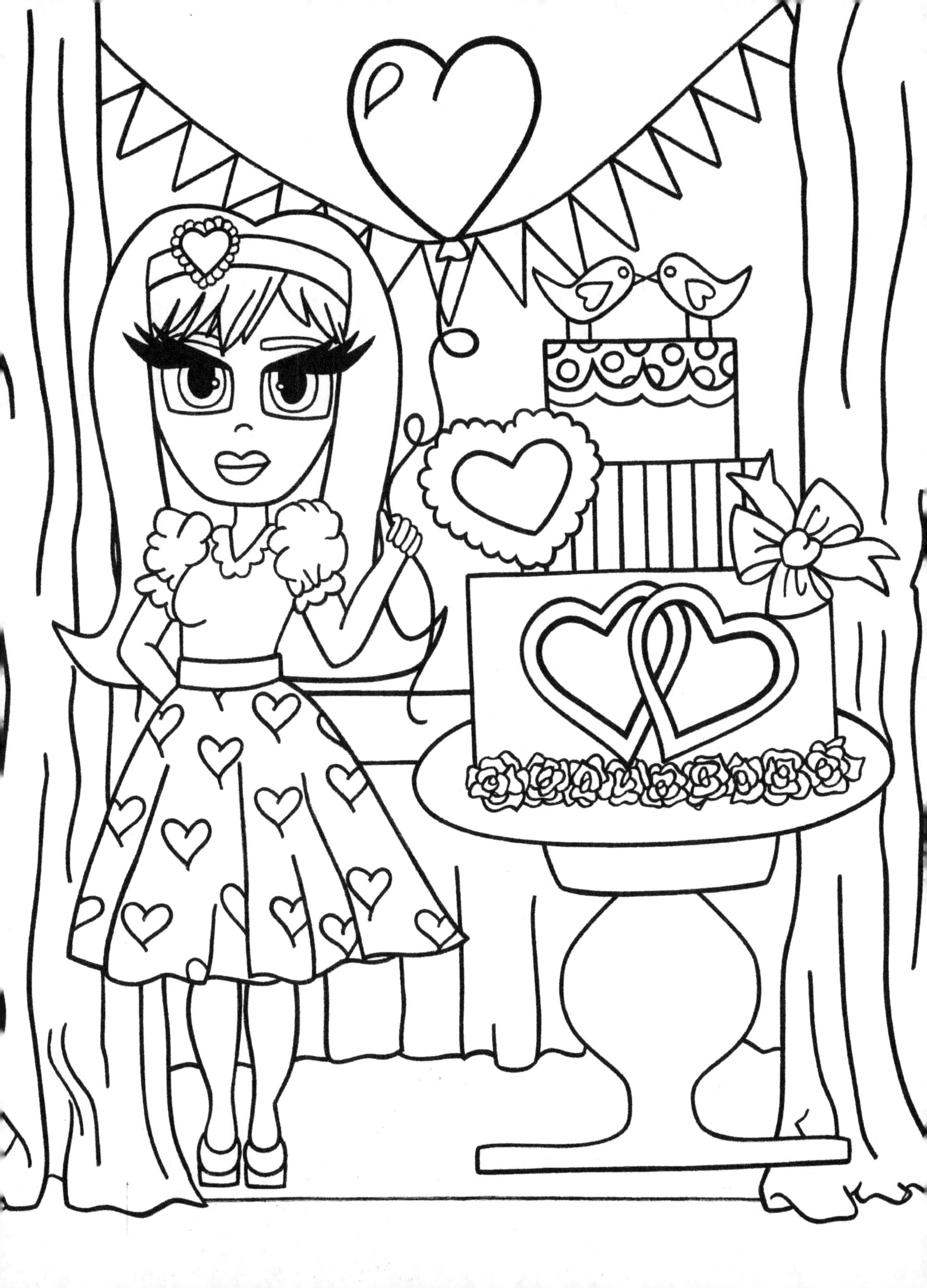

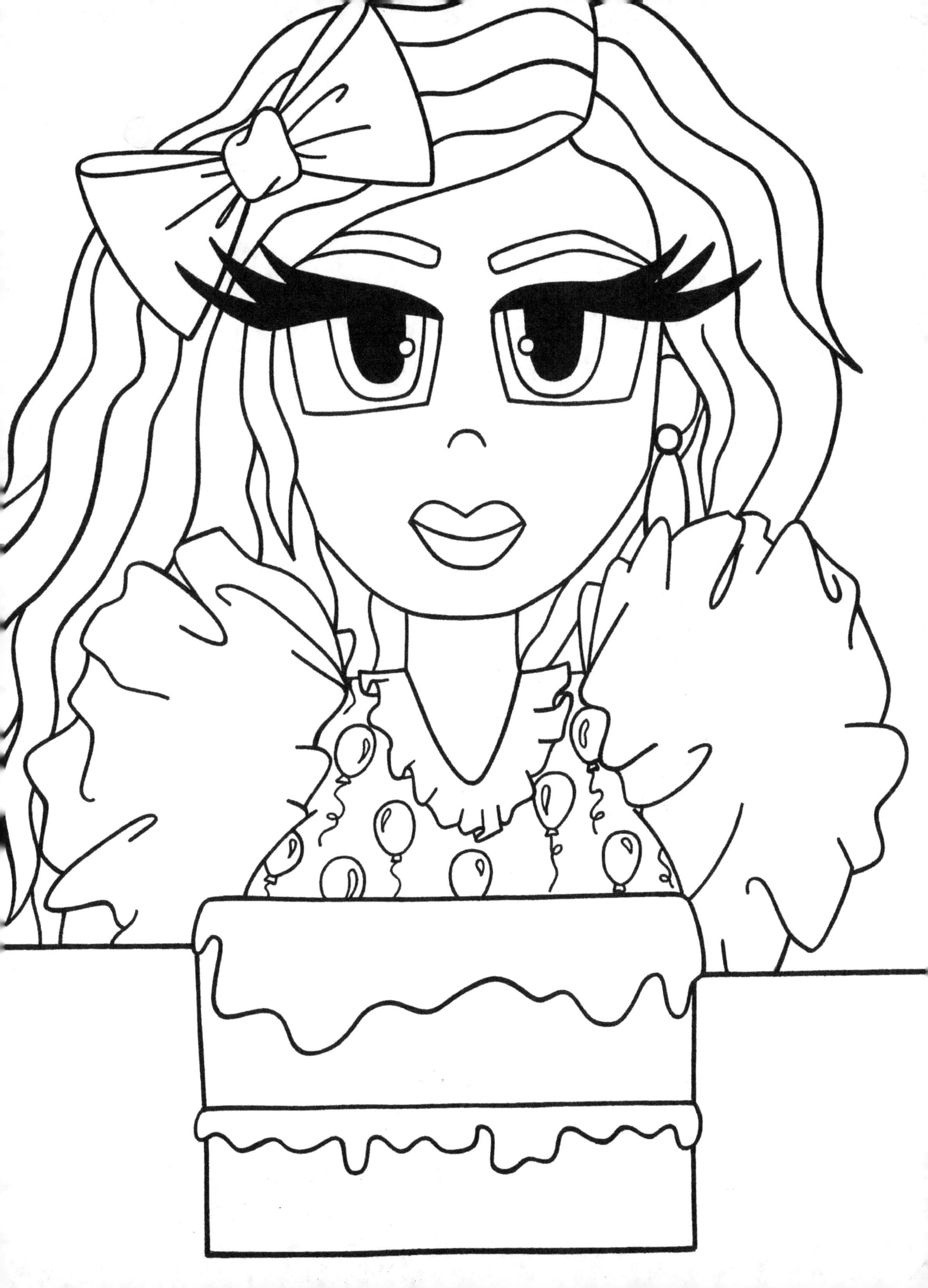

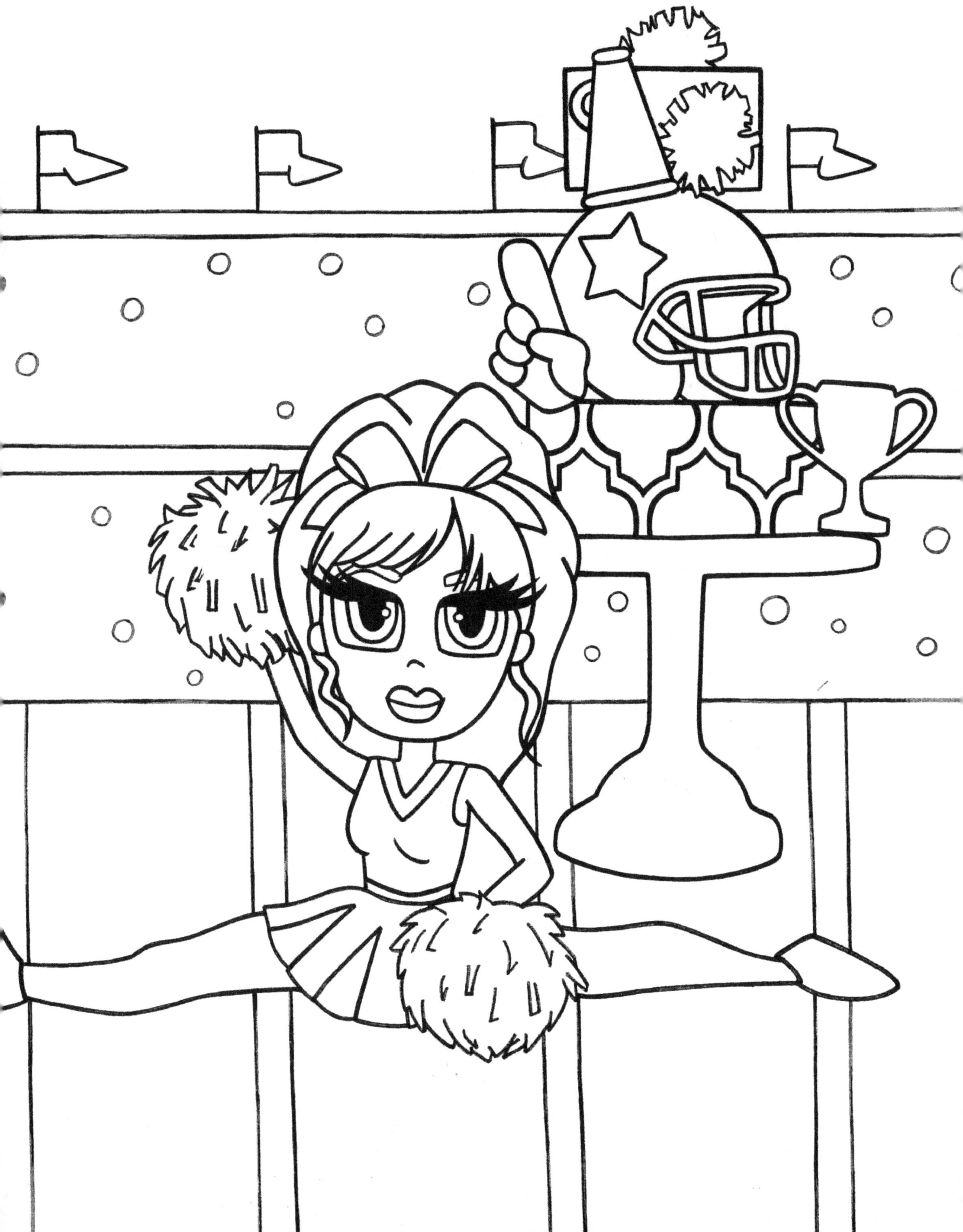

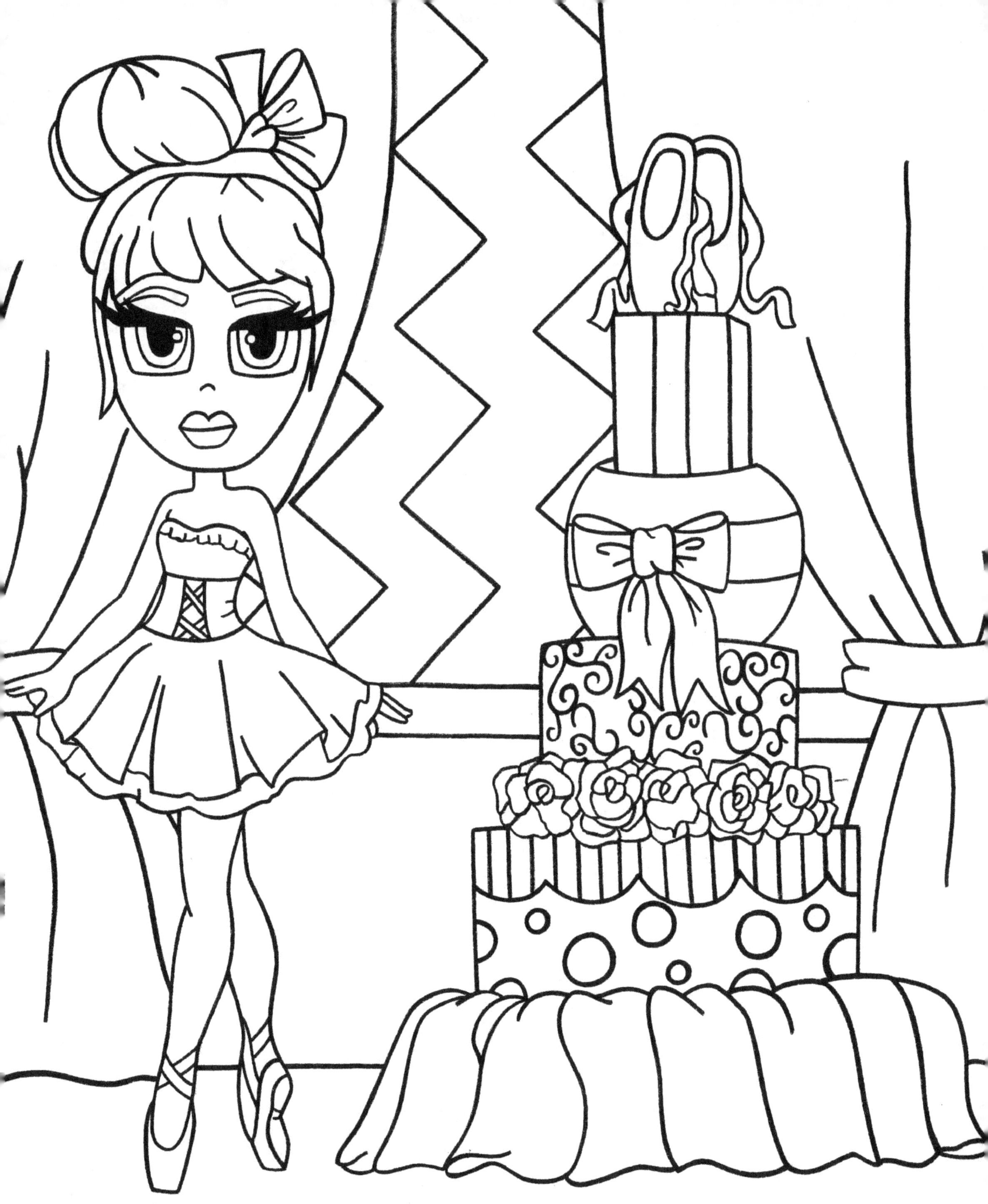

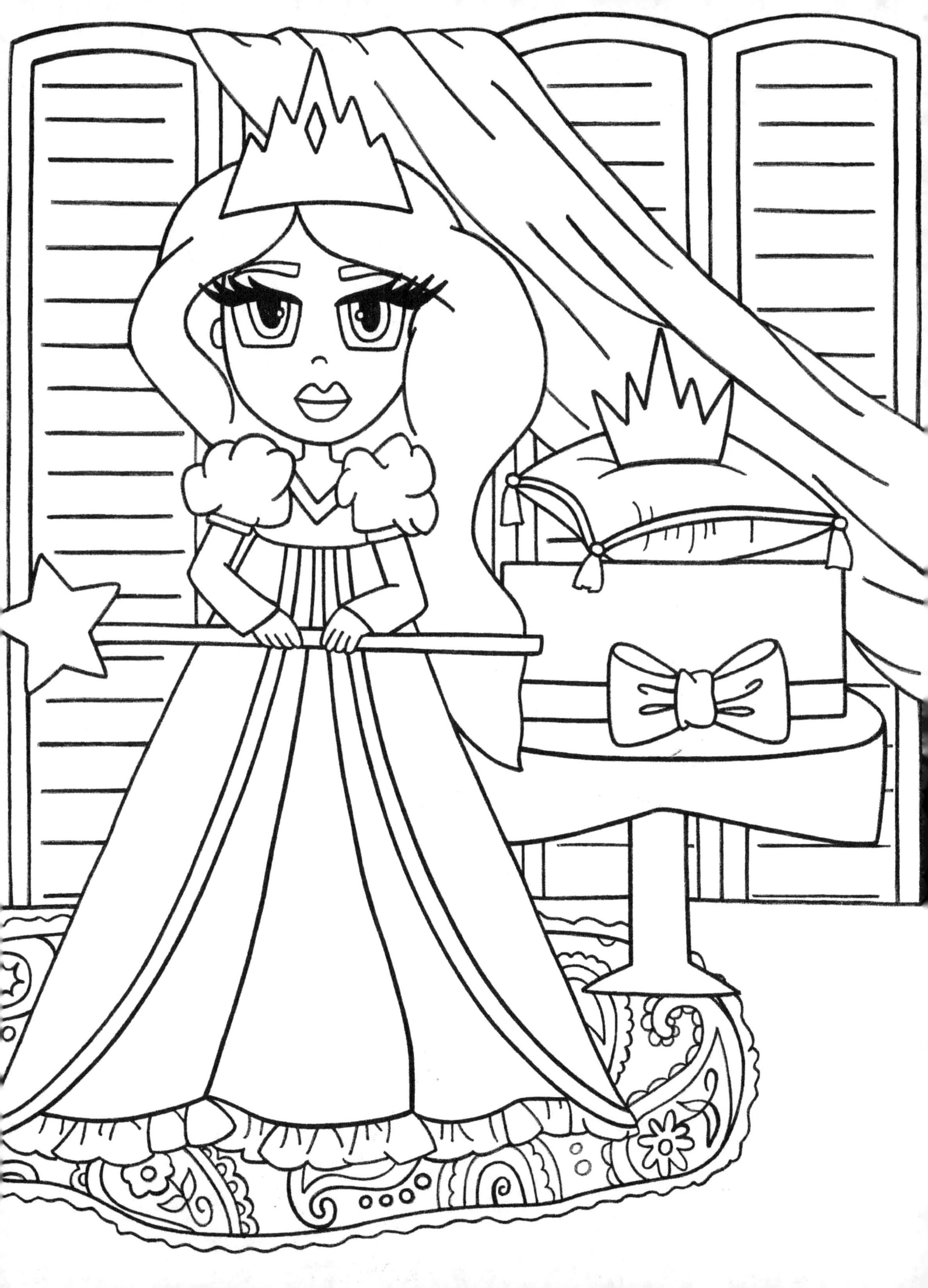

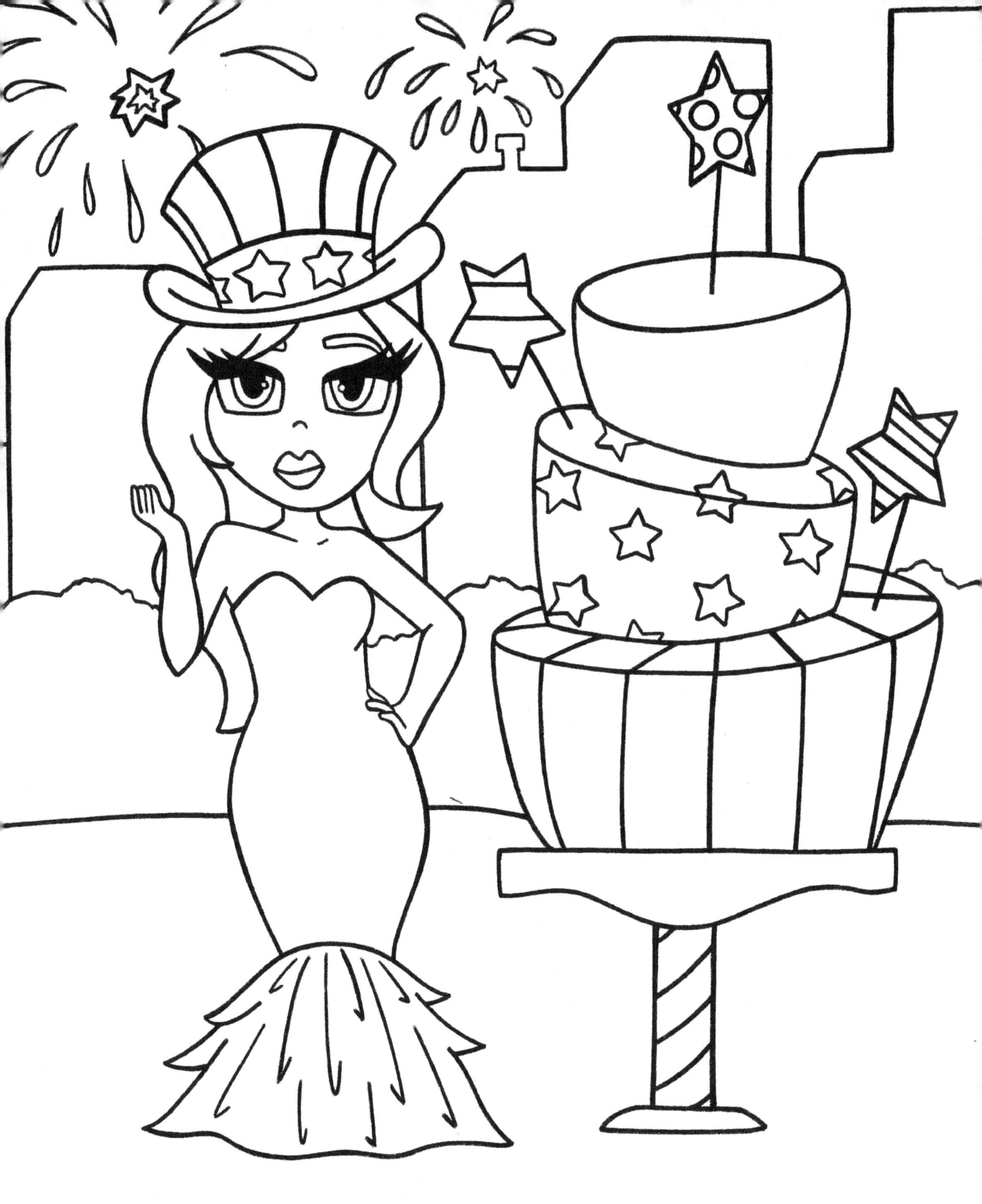

www.ingramcontent.com/pod-product-compliance
Lightning Source LLC
Chambersburg PA
CBHW080002230526
45470CB00008B/2832
9781974542888